Tagebuch: allein in der Natur
Outdoor - Nahrung finden, Schlafen, Einsamkeit bewältigen und überleben

Auch wenn wir alleine sind, so spüren wir unseren mächtigsten Gegner. Denn auch dann ist er noch immer bei uns.

Carsten Richter

Tagebuch: allein in der Natur
Outdoor - Nahrung finden, Schlafen, Einsamkeit bewältigen und überleben

Glück kommt durch die Fähigkeit zu schätzen was man hat.

Carsten Richter

Die Deutsche Nationalbibliothek verzeichnet diese Publikation in der Deutschen Nationalbibliografie; detaillierte bibliografische Daten sind im Internet über http://dnb.dnb.de abrufbar.

© 2014 Carsten Richter

Illustration: Carsten Richter

Herstellung und Verlag: BoD – Books on Demand, Norderstedt

ISBN: 9783735775061

Inhaltsverzeichnis:

Vorwort

1. Tag
   - die Zugfahrt
   - am Ziel angekommen
   - der Weg in die Berge
   - die Nahrung
   - und doch verlaufen
   - das erste Lager
   - der erste Abend
   - das Gewitter
2. Tag
   - Erwachen und Frühstück
   - Aufbruch und Wasser
   - der Weg – eine Sackgasse
   - neue Orientierung
   - und wieder Regen
   - ein Kampf
   - am Ziel angekommen
   - die zweite Nacht
3. Tag
   - Aufstehen und Frühstück
   - das heutige Ziel
   - auf zum Ziel
   - die Psyche
   - weiter zum Ziel
   - die Suche nach dem Zeltplatz
   - ein Fehler
   - den Tag ausklingen lassen
   - in Gedanken

- zeitig ins Bett

4. Tag
   - ein sonniger Morgen
   - auf geht es
   - der Weg zum Gipfel
   - endlich am Gipfel
   - und es geht weiter
   - bald geschafft
   - ein Platz gefunden
   - der Abend
5. Tag
   - eine Entscheidung
   - aufstehen und Routenplanung
   - und wieder auf den Gipfel
   - die Psyche
   - endlich oben
   - weiter zum Abstieg
   - Und das Essen?
   - der Zeltplatz
   - der Abend und die Motivation
   - essen zum wohlfühlen
   - der Tag klingt aus
6. Tag
   - Sternenhimmel
   - am Morgen
   - keine Karte ist perfekt
   - Jetzt ist es eine große Wanderung!
   - die Ungewissheit
   - nicht mehr weit
   - die Qual der Wahl
   - ein schöner Abend
7. Tag
   - ein schöner Tag

- Wegplanung
- Nüsse und ihre Folgen
- auf geht es
- eine seltsame Entscheidung
- der Rückweg
- wieder da
- das Ende des Tages

8. Tag
   - der beste Platz
   - der Weg, ein Gespräch, die Planänderung
   - ein Auf und Ab
   - wieder zurück
   - der Abend

9. Tag
   - Frühstück und Planung
   - der Weg zum Tagesziel
   - ein neues Ziel
   - der Abstieg
   - Essen
   - eine Entscheidung
   - los geht's
   - ein harter Weg
   - eine Entscheidung für die Motivation
   - die Psyche
   - endlich da
   - ein Schlafplatz
   - der Tag klingt aus

10. Tag
    - Aufstehen und Tagesplanung
    - Ausrüstungspflege
    - das Wetter
    - man sollte Beschäftigung haben
    - faul sein
    - das Ende des Tages

11. Tag
- morgendliche Überraschung
- auf geht es zum Frühstück
- zum Gipfel
- ein beschwerlicher Weg
- der Schlafplatz
- der Abend

12. Tag
- aufstehen
- der Abstieg
- durch das Tal
- der Aufstieg
- angekommen
- endlich einen Platz gefunden
- der Abend

13. Tag
- der Morgen
- die Planung
- es ist belastend
- eine Alternative
- Glücksgefühle
- der Rückweg
- endlich da
- Verpflegung und der Abend

Warum das Alles?
- **Freiheit**
- **Ernährung**
- **Regelmäßigkeiten des Alltags**
- **die Grenzen erforschen**
- **Gesundheit**
- **Glück und Zufriedenheit**

Vorwort

Der Alltag ist etwas, was stetig in unserem Leben präsent ist. Tag ein und Tag aus erleben wir Dinge, welche in ihrem Dasein und ihrer Wichtigkeit nicht das Zentrum unseres einzigen Lebens sein sollten. Und doch sind es Dinge wie Fernsehserien, Lästereien, fragwürdige Themen der Nachrichten, politische Differenzen oder andere belanglose Randthemen, welche unsere täglichen Gedanken bestimmen. Der menschliche Geist wird im Alltag derart konditioniert, dass wirklich wichtige Dinge kaum noch gegenwärtig sind. Wir kümmern uns um Probleme, Umstände und Fakten, welche wir weder verstehen oder geschweige denn verändern können. Dem Mensch fehlt einfach die Fähigkeit unnütze Themen und Diskussionen aus dem eigenen Leben zu verbannen. Stattdessen steigern wir uns rein und puschen uns mit Zuständen und Missständen der Zivilisation hoch, was uns wertvolle Zeit des Lebens kostet. Zeit, welche wir mit unseren Lieben verbringen könnten, welche wir mit Kreativität füllen sollten oder Zeit, welche uns besondere und neue Erfahrungen geben kann.

Ein Missstand welchen ich sehe ist, dass der moderne Mensch Problemen gegenübersteht, deren Lösung nicht in seiner Macht liegen. Er identifiziert sich mit einem Verein und doch kann er um dessen Schicksaal nur hoffen Jedoch kann er es nicht beeinflussen. Er hofft auf mehr Geld, aber die Gehaltsstruktur seines Unternehmens ist klar definiert und bietet kaum Platz für individuelle Vereinbarungen. Oder der Mensch fiebert bei Serien mit, in welchen er den Verlauf absolut nicht steuern kann. Andere erregen sich über Benzinpreise oder diverse Gehälter in Sport, Politik und Wirtschaft. Vielleicht berechtigt, aber auch hier fehlen jegliche Möglichkeiten irgendetwas zu verändern.

Es ist wirklich selten geworden, dass wir Situationen gegenüberstehen, in jenen wir ganz allein entscheiden und unmittelbar die Folgen erfahren. Dies sorgt für ein Gefühl der

Machtlosigkeit und führt zu Frustration. Statt eigene Interessen und eigene Wünsche an erste Stelle zu setzen, geht es oft um Kompromisse und Spekulationen wie man irgendwie eine taugliche Entscheidung trifft. Die Folgen daraus sind meistens so komplex, dass es Glück bedarf damit etwas Positives geschieht.

Diese Erkenntnis und diese Tatsachen haben mich ambitioniert einfach mal aus diesem Schema auszubrechen. Wie wäre es, wenn man für einen gewissen Zeitraum seine wirklich eigenen Entscheidungen treffen kann und die einzige Intention der eigene freie Wille ist? Wenn jede Aktion eine direkte Wirkung hat und man ohne Zwänge und vollkommen frei seine Zeit bestimmt? Keine Kompromisse, keine Termine oder Pflichten sollen Auslöser für Handlungen sein. Dies hat natürlich auch direkt zur Folge, dass man sich selber um die Befriedigung seiner Grundbedürfnisse kümmern muss. Komplett frei entscheiden zu können ist ein Zustand, welchen man nicht nur für sich allein beanspruchen kann. Daher hat dieses Recht, dieses Privileg, zur Folge, dass man komplett eigenverantwortlich ist und nicht auf Zuarbeit Anderer bauen kann.

Ich bin schon oft allein wandern gewesen und konnte dabei meinen eigenen Gedanken folgen. Bleibe ich hier oder gehe ich noch ein Stück? Besteige ich diesen Gipfel oder entspanne ich einfach mal? Verbringe ich die Nacht an diesem Berg oder schlage ich mein Zelt im Tal auf? Diese Situationen zu erleben ist recht einfach herbeizuführen und es gehört auch nicht viel dazu. Einfach mal ein oder zwei Tage Zeit nehmen und allein losziehen. Entweder mit der Möglichkeit irgendwo zu übernachten oder auch nicht. Jedoch profitiert man hierbei immer von den Vorzügen des Alltags, also von dem, welchem man doch ausweichen will. In der Regel nimmt man sich Essen und Trinken mit und es ist eine baldige Rückkehr vor Augen, was ein vertrautes Heim und jeglichen Luxus impliziert, welchen uns das Leben in unserem Land zu bieten vermag. Eine solche zeitnahe

Rückkehr verhindert beiläufig ebenfalls das echte Gefühl ohne zeitlichen Druck zu agieren. Dafür reichen ein oder zwei Tage einfach nicht aus. Aus diesem Grund muss es sich um einen längeren Zeitraum handeln!
Das Projekt umfasste daher einen Zeitraum von 2 Wochen. 14 Tage Freiheit und Selbstbestimmung erleben. Wie mag dies wohl sein? Weg von dem Einfluss der Entscheidung durch Andere. Der eigene Herr sein und unabhängig von jeglichen Zeitplänen und Abläufen zu handeln. Natürlich bedeutet dies auch den Verzicht auf externe Versorgung. Das heißt, dass ich mich selber aus der Natur verpflegen muss. Weiterhin ist der Verzicht auf eine Unterkunft maßgeblich. Denn wirklich frei zu sein bedeutet, dass ich auch meinen Schlafplatz frei wählen kann und mich nicht durch andere mit derartigem Luxus versorgen lasse. Und wichtig ist natürlich, dass ich alleine bin. Denn wenn man nur die eigenen Intentionen ohne Kompromisse befolgen will, darf auch kein anderer Mensch mit dabei sein. Dieser Vorteil der Freiheit impliziert somit den Nachteil der Einsamkeit. Alleine schon der Vergleich dieser beiden Zustände ist interessant. Was ist besser? Alleine zu sein und frei zu wählen? Oder in Gesellschaft sein und dabei Kompromisse schließen? Vor diesem Urlaub sagte ich ganz klar, dass es schöner ist alleine zu sein und frei entscheiden zu können. Mit dem Wissen, dass dieser Zustand zeitlich begrenzt ist, sollte das doch sehr angenehm sein.
Im Laufe der Vorbereitung überlegte ich mir natürlich, was mir besonders Probleme bereiten wird. Worauf sollte ich mich am meisten vorbereiten? Die Antwort war ganz klar: die Ernährung! Ich habe ja einiges vor. Ich möchte täglich eine gewisse Strecke zurück legen. Mit meinem Gepäck, es wiegt ca. 25kg, brauche ich dafür einiges an Kalorien. Beruflich habe ich viel mit Ernährung zu tun, was ein großer Vorteil ist. Ich habe mich zusätzlich umfangreich zum Thema „Ernährung aus der Natur" belesen. Ich weiß welche Tiere essbar sind und wie ich sie zubereite. Ich hab viel Wissen über Pflanzen und an welchen Stellen besonders

Kohlenhydrate und Eiweiß vorhanden sind. Trotz des Wissens, so denke ich, wird die Ernährung das Schwierigste sein. Ich rechne damit, dass ich viel Hunger habe und mit diesem Gefühl um zu gehen lernen muss. Das Thema Hunger betrachte ich als größte Hürde.

Gespannt bin ich auf meine Psyche. Wie werde ich damit klar kommen alleine zu sein? Ich denke nicht, dass es problematisch wird. Ich bin eher gespannt darauf wie es ist mit meinen Gedanken alleine zu sein. Diese schweifen zu lassen und endlich mal ohne fremde Menschen der Phantasie zu folgen.

Etwas Gedanken mache ich mir um meine Gesundheit. Ich hoffe, dass ich trotz der Wetterumschwünge nicht krank werde. Zur Sicherheit habe ich etwas Medizin mit. Gerade eine Erkältung könnte sich sehr hinziehen, wenn man sich nicht richtig erholen kann. Ich werde erleben wie mein Immunsystem mit diesen neuen Umständen fertig wird.

Mit Ausrüstung etc. bin ich sehr gut versorgt. Da ich auch etwas Erfahrung habe, weiß ich worauf es ankommt und was ich benötige.

Vor Antritt der Reise fühle ich mich gut vorbereitet. Ich weiß was in dem Gebiet wächst und habe genug Kartenmaterial zur Orientierung. Ich habe mich kundig gemacht über Wetter und Klima, damit ich in etwa abschätzen kann was mich erwartet. Die Ausrüstung ist in gutem Zustand. Am meisten gespannt bin ich bis kurz vor Antritt über die Ernährung und ob ich in der Lage bin mich aus der Natur zu sättigen. Mein Zug fährt zeitig in der Frühe, sodass ich abends 17:30 Uhr am Zielort in den Alpen ankomme. Auf der Fahrt habe ich noch einmal reichlich gegessen, sodass ich in einem guten Zustand beginne. Ich bin gespannt wie ich in den folgenden 2 Wochen Freiheit mein Leben gestalte.

1. Tag: Donnerstag der 12.06.2014

die Zugfahrt

Bereits 8:00 Uhr fahre ich mit dem Zug los. Meine Ankunft verzögert sich um eine halbe Stunde, sodass ich am Zielort 17:30 Uhr eintreffe. Es ist ganz gut gewesen, dass ich früh recht zeitig gestartet bin. Denn nach der Ankunft am Zielort werde ich schon 3 bis 4 Stunden benötigen, damit ich in den Bergen verschwinden kann. Eine Verzögerung durch die Bahn sollte man auch immer mit einkalkulieren. Das nächste Mal werde ich versuchen noch zeitiger zu starten, damit ich bereits am frühen Nachmittag ankomme.
Während der Fahrt kontrolliere ich immer wieder meine Ausrüstung und studiere mein Kartenmaterial. Jetzt wird es langsam ernst und die Aufregung steigt. Gedanken mache ich mir über die Orientierung am Zielort. Ich hoffe, dass ich schnell einen guten Wanderweg finde, welcher mich raus aus dem Ort und rein in die Berge führt. Auch wenn ich Karten dabei habe, so weiß ich, dass man gerade in Ortschaften schnell mal einen falschen Weg einschlägt. Außerdem mache ich mir Sorgen darüber, dass ich in der recht kurzen Zeit auch wirklich weit genug im Gebirge untertauchen kann, sodass ich beim Zeltaufbau nicht gesehen werde.
So fahre ich nun mit meinen Gedanken und der Zug dringt so langsam in das Voralpengebiet ein. Ein besonderes Gefühl überkommt mich, wenn ich die Berge auf mich zukommen sehe. Es ist eine Mischung zwischen Freude und Respekt, da ich in eben diesen Bergen für 14 Tage Unterschlupf suche. Ich kann nicht richtig einschätzen was mich erwartet. Es wird sehr spannend. Im Zug esse ich nun noch Wurst und Brot, da ich nicht damit rechne, dass ich heute noch viel Essen finden werde. Da ich nachwievor das Essen als größte Herausforderung sehe, lege ich viel Wert darauf meine Tour komplett gestärkt und gesättigt zu beginnen.

Ein letztes Mal studiere ich die Karte und plane meinen Weg durch die Ortschaft hinein in die Berge.

am Ziel angekommen

Wenige Minuten vor 17:30 Uhr erreiche ich nun mein Ziel. Den Rucksack erst einmal grob aufgesetzt verlasse ich den Zug. Ich suche erst einmal eine Bank, damit ich mein Gepäck richtig aufsetze, um damit gut wandern zu können. Schließlich wiegt mein Rucksack ca. 25 kg. Da ist es sehr wichtig, dass er gut sitzt, damit ich keine Rückenverspannungen bekomme. Gerade zu Beginn, da ich noch nicht so sehr daran gewöhnt bin.
Die Himmelsrichtung war mir nach dem Aussteigen klar und auch in etwa der Weg. Aber wie ich es mir zuvor dachte ist es gar nicht so leicht durch eine fremde Ortschaft zu finden, selbst mit einer Karte. Die Beschilderung ist eher dürftig. Zu allem Überfluss regnet es auch noch leicht. Ich hoffe es hört bald auf. Ich lasse mir etwas Zeit, damit die Leute um mich herum ihres Weges gehen und ich mich in Ruhe orientieren kann.

der Weg in die Berge

Die Orientierung auf der Karte habe ich mittlerweile aufgegeben. Ich gehe einfach in Richtung der Berge und werde schon einen Weg hinauf finden. Die Berge sind im unteren Bereich auch noch besiedelt, was bedeutet, dass es gut ausgebaute Wege, welche als Straßen genutzt werden, gibt. Ich sehe diese Wege nicht als klassische Straße, da diese nur eine Breite von 3 bis 4 Metern haben. Außerdem sind diese Wege teilweise nur mit Schotter ausgelegt. Aber sie führen in Serpentinen den Berg hinauf und das ist genau die Richtung in welche ich will.
Vereinzelt führen Wege von dieser Schotterstraße weg, welche zu Häusern gehen. Was die Leute hier wohl im Winter machen? Diese Straße wird sicherlich nicht geräumt. Es regnet immer noch ganz leicht. Vor meinem Eintreffen muss es sehr stark geregnet haben, denn es ist alles ziemlich nass. Ich schaue auf meine Karte

um zu sehen wo ich bin. Ganz sicher kann ich es nicht sagen, da die Bezeichnungen der Karte und der Verlauf der Straße nicht eindeutig zuzuordnen sind. Es gibt 2 Möglichkeiten, auf welchem Weg in die Höhe ich mich befinde. Endlich, nach einer halben Stunde, erkenne ich eine sehr markante Stelle auf der Karte und passiere diese gerade. Es ist eine Flussüberquerung, gefolgt von 2 engen Kurven. Sehr eindeutig auf der Karte zu erkennen. Es ist erleichternd, wenn man seine Koordinaten kennt. Jetzt wandert es sich auch viel angenehmer, da es ein Ziel gibt und der Fortschritt messbar ist. Eine erste kleine Lektion. Es kann sehr auf die Moral drücken, wenn man nicht genau weiß wo man ist. Schnell drängen sich Fragen auf: Gehe ich richtig? Muss ich eventuell zurück? Komme ich überhaupt voran? Wie wird das Gelände, damit ich einen Platz zum schlafen finde? Solche Anliegen sind mit einer guten Karte und einer richtigen Standortbestimmung zu einem gewissen Grad zu lösen.

die Nahrung
Nachdem ich endlich eine Orientierung habe stellt sich schnell meine nächste Priorität ein: Die Ernährung. Beim Blick auf den Boden sehe ich Schnecken. Sehr große Schnecken mit Haus. In Mitteleuropa sind alle Schnecken mit Haus problemlos essbar. Sie müssen jedoch erhitzt werden, da sie Träger von Parasiten sind. Das ist kein Problem, da ich die entsprechende Ausrüstung mit habe. Ohne würde es auch nicht gehen. Nahrung muss erwärmt werden. Warmes Essen oder Trinken tut der Moral gut und gibt dem Körper Energie. Außerdem kann durch Erwärmung viel mehr an Nährstoffen aufgenommen werden.
Ich habe 3 Tragenetze mit, welche am Verschluss zugezogen werden können. Diese hängen an meinem Rucksack und an meinem Gürtel. Ich habe sie zum sammeln von Nahrung mitgenommen. Auf dem Weg finde ich 10 solcher sehr großen Schnecken. Mit 2 saftigen Blättern stecke ich sie in einen Beutel und wandere straff weiter. Ich bin sehr froh über diesen Erfolg,

denn dies bedeutet nahrhaftes Essen. Obwohl ich auch etwas gespannt über die Zubereitung bin und ob ich sie wirklich vertrage.

und doch verlaufen

Ich merke, dass ich nicht da bin wo ich mich auf der Karte vermutet habe. Irgendwo bin ich falsch abgebogen. Oder auf der Karte ist etwas nicht korrekt eingezeichnet. Ich habe von Bekannten schon manchmal gehört, dass Karten auch fehlerhaft sein können. Mittlerweile ist es 19:30 Uhr. In der Ferne sehe ich Gewitter und bei mir regnet es wieder etwas stärker. Ich werde mein Zelt aufschlagen müssen und mich morgen um meine Orientierung kümmern. Heute wird das nix mehr.

Anhand von den Höhenlinien auf der Karte kann ich ganz gut erkennen wo potenzielle Schlafplätze sind. Je steiler der Anstieg, desto unwahrscheinlicher ist ein guter Platz. Ich weiß aus früheren Touren, dass bereits leichte Schrägen für sehr unangenehme Nächte sorgen. Mir ist der Schlaf sehr wichtig, da ich bei Kräften bleiben muss. Keinesfalls will ich zu sehr geschwächt sein oder sogar krank werden. Da ich schon mit der Ernährung dem Körper Energie vorenthalte, sollte der Schlaf erholsam sein. So denke ich zumindest. Da ich aber nicht weiß wo genau ich bin, kann ich mich auch nicht auf der Karte nach einem geeigneten Platz orientieren. Ein großer Nachteil, wenn man bedenkt wie spät es schon ist.

das erste Lager

Nachdem ich nach 2,5 Stunden knapp 400 Höhenmeter überwunden habe und noch immer keine richtige Stelle finde, beschließe ich einfach auf gut Glück einen Hang hinauf zu steigen. Irgendwo wird da doch etwas sein. Ich möchte meine Lagerplätze immer über dem Weg haben, damit ich nicht entdeckt werden kann. Wenn ich neben dem Weg hinabsteige, dann könnte jemand von oben runter schauen und mich sehen.

Kletter ich jedoch in die Höhe, muss ich nur darauf achten, dass ich den Weg nicht sehe. Wenn ich ihn nicht sehe, dann wird mich auch kein anderer Mensch vom Weg aus erkennen.
Nachdem ich bestimmt 40 bis 50 Meter den Hang hinauf bin, habe ich eine Stelle entdeckt. Sie sieht nicht besonders einladend aus, aber sie scheint eben. Außerdem ist sie versteckt und es gibt viele Tannen mit leckerem Maiwuchs in der unmittelbaren Nähe. Hier werde ich bleiben.
Zuerst baue ich mal das Zelt auf, damit ich meinen Rucksack hineinlegen kann. Isomatte und Schlafsack lege ich gleich bereit. Ich ziehe mir etwas Warmes an, da ich ja nun keine Anstrengung mehr habe und so schneller auskühle. Gleich bei mir steht eine sehr große Tanne. Ich habe mal gelesen, dass es unter Tannen oft recht trocken ist. Daher hänge ich mein nasses Shirt einfach an einen Zweig, direkt an den Stamm. Mal sehen ob es morgen trotz Regen trocken ist.

der erste Abend
Der Regen hat sich nun beruhigt. Die Schnecken werde ich erst morgen früh essen. Ich habe jetzt keine Lust mehr sie zuzubereiten. Aber ich mache mir dafür einen Ingwertee. Ich schneide dazu einfach große Stücken in meine Tasse und erhitze darin das Wasser auf meiner Buschbox. Das ist ein kleiner mobiler Ofen aus Edelmetall. Sehr robust und er zieht wirklich gut. Sogar nasses Holz brennt damit wunderbar durch die vielen Windöffnungen.
Es ist sehr schön mit dem warmen Tee irgendwo in dieser rauen Wildnis zu stehen. Das erste mal, dass ich heute den Wald einfach mal wirken lassen kann. Etwas verunsichert bin ich zwar darüber, dass ich nicht genau weiß wo ich bin. Aber weit ab kann ich nicht gekommen sein, da ich heute nicht lange unterwegs war.
Es dämmert langsam, aber der Tee ist noch nicht alle. Nebenbei esse ich noch etwas Gras und den Maiwuchs der Tannen. Sogar Löwenzahn habe ich entdeckt. Löwenzahn hat im Vergleich zu

anderen Pflanzen sehr viele Kohlenhydrate. Außerdem gilt er als proteinreiche Pflanze. Löwenzahn sollte man immer nutzen, wenn man welchen findet. Auch die Blüte und die Stiele können bedenkenlos gegessen werden. Dass die weiße „Milch" des Löwenzahns giftig ist, ist nicht richtig. Es kann alles genutzt werden.

Langsam ist mein Tee alle und ich werde mich hinlegen. Ich bin sehr auf die erste Nacht gespannt. Zu Hause habe ich mir angewöhnt bei störenden Geräuschen mit Ohrenstöpsel zu schlafen. Ich habe die Eigenart, dass ich mich bei Geräuschen sehr darauf versteife und so nicht richtig zum schlafen komme. Das möchte ich jedoch in der Wildnis nicht tun. Obwohl ich nicht glaube, dass ich irgendwelchen Besuch bekomme, so möchte ich schon hören was um mich passiert. Egal ob Mensch oder Tier, ich möchte hören wenn sich etwas meinem Lager nähert.

So liege ich nun im Zelt und lausche der Umgebung. Mal ein knacken, mal ein schleifen von Gras am Zelt. Vögel höre ich auch. Es sind viele Geräusche, die mich umgeben. Es ist ganz gut sich hinzulegen, wenn es noch hell ist. So kann ich in Ruhe dem Wald lauschen und versuchen mich an dessen Geräusche zu gewöhnen.

das Gewitter

Es ist mittlerweile dunkel und ich sehe ein Leuchten, gefolgt von einem Donner. In der Ferne ist ein Gewitter und bei mir regnet es wieder. Ich versuche das Gewitter zu filmen, da so etwas in den Bergen immer besonders beeindruckend ist. Auf dem Film wirkt es aber nicht besonders. Außerdem ist es ein kleines Gewitter und nicht sehr nahe. Ich versuche nun weiter zu schlafen. So richtig zur Ruhe komme ich jedoch nicht. Es ist nicht nur das Gewitter, welches mich wach hält. Es ist auch die neue Situation, in welcher ich mich befinde. Weg von der heimischen Geborgenheit. Es ist nicht ungemütlich, da der Boden nicht eben ist. Aber egal. Die kurze Nacht und die lange Zugfahrt haben mich müde gemacht. Ich werde meinen Schlaf schon finden.

2. Tag: Freitag der 13.06.2014

Erwachen und Frühstück
Am morgen 7:30 Uhr wird es Zeit zum aufstehen. Die Nacht ist sehr unruhig gewesen. Nicht nur das Gewitter hat mich immer wieder wach gemacht, sondern auch der Regen, welcher an das Zelt prasselt. So etwas kann sehr laut sein. Aber ich muss sagen, dass ich mich fit fühle. Zu Hause schlafe ich immer um die 7 bis 8 Stunden und habe früh manchmal Motivationsprobleme um aufzustehen. Obwohl ich effektiv 4 Stunden geschlafen habe bin ich gespannt und stark motiviert schnell in den Tag zu starten. Als ich aus dem Zelt komme und mein Shirt an der Tanne berühre bin ich etwas überrascht. Es ist total trocken. Die Information stimmt also. Unter Tannen bleibt es bei normalem Regen trocken.
Zum Frühstück gibt es den Maiwuchs von Tannen, Brennesseln und die Schnecken vom Vortag. Die Pflanzen esse ich unzubereitet und ohne zu waschen. Was soll auch dran sein? Auf die Schnecken bin ich besonders gespannt. Zuerst einmal koche ich sie. Holz für die Buschbox finde ich ja reichlich. Da hier überwiegend Tannen stehen und die Äste der Tanne immer trocken sind, brennt das Feuer phantastisch. Durch das Feuer werden die Schnecken abgetötet und das Fleisch lässt sich aus dem Haus leicht lösen. Nach ein paar Minuten nehme ich die 10 großen Schnecken aus dem kochenden Wasser und ziehe das Fleisch aus dem Schneckengehäuse. Danach schneide ich die Innereien ab. Diese sind ganz gut zu erkennen. Es ist der dunkle Teil, welcher tief im Haus der Schnecke sitzt. Er hat sogar die Form des Hauses. Das restliche Muskelfleisch koche ich nun wieder durch. Um sicher zu gehen lasse ich es 10 Minuten im

kochenden Wasser. Parasiten wären das letzte was ich im Wald bekommen möchte. Nun lege ich sie auf den Deckel meines Topfes, welcher als Teller fungiert, und esse sie. Das Fleisch ist etwas schleimig, schmeckt aber ganz gut. Es ist auch ziemlich fest. Ich hoffe sehr, dass ich die Schnecken gut vertrage.
Da ich die Nahrung als größte Hürde sehe, achte ich automatisch immer wieder auf mein Sättigungsgefühl. Nach dem Frühstück bin ich gut gesättigt und fühle mich stark für den Tag. Aber gut, es ist der erste morgen und bis gestern Nachmittag habe ich noch im Zug etwas gegessen. Mal sehen wie sich der Hunger entwickelt. Ich nehme mir fest vor immer wieder Grünes zu essen, damit ich permanent Nährstoffe aufnehme. Dadurch sollte es mir möglich sein den größten Teil meines Energiebedarfs zu decken. Den Rest hole ich aus den körpereigenen Fettreserven. So ist zumindest mein Plan.

Aufbruch und Wasser
Nach dem Frühstück und meinem Ingwertee packe ich alles zusammen und versuche mich zu orientieren. Da ich nicht genau weiß wo ich bin, werde ich einfach den Hauptweg weitergehen. Irgendwann wird sicherlich eine Beschilderung kommen, welche mich zu einem auf der Karte dargestellten Ziel führt.
Zeitnah muss ich mich um die Wasserversorgung kümmern. Ich habe einen Trinksack mit Schlauch, welcher 2 Liter fasst. Dieser sollte immer gefüllt sein. Außerdem habe ich einen Wassersack für 10 Liter. Dieser ist hauptsächlich für mein Lager gedacht. Es wäre Kraftverschwendung, wenn ich den permanent gefüllt trage. Außerdem sind die Alpen im Juni sehr wasserreich, sodass ich da keine Probleme bekommen werde.
Bevor ich auf den Weg gehe, muss ich erst einmal die ganzen 50 Meter wieder den Hang hinunter. Ziemlich steil und matschig ist der Weg. Sicherlich durch den Regen letzte Nacht. Dann am Weg angekommen folge ich diesem einfach. Nach ca. 300 Meter überquert der Weg einen Bach. Es ist ein größerer, welchen ich

gleich zum waschen nutzen werde. Auch wenn ich noch nicht lange unterwegs bin, so ist eine Wäsche sehr motivierend und erfrischend. Außerdem sollte man derartige Chancen einfach nutzen, denn Hygiene ist eine seichte Form von Luxus, welcher mir sehr bald fehlen wird. Und da die Sonne scheint ist es einfach erfrischend. Ich trinke noch richtig viel, fülle meinen Trinksack auf und ziehe weiter.

der Weg – eine Sackgasse
Irgendwie wird dieser Weg immer verwilderter. Ich muss sogar eine Stelle übersteigen, welche von einem Fluss weggerissen worden ist. Gar nicht so einfach, mit dem Gepäck auf dem Rücken und einem Gesamtgewicht von 130 kg. Ich sacke immer wieder an solchen sumpfigen Stellen ein. Etwas weiter liegt ein mächtiger Baum auf dem Weg. Ich klettere drüber. Langsam werde ich skeptisch. Diesen Weg lässt man verwildern. Aber ich denke mal er führt mich schon irgendwo hin. Zumindest stimmt die Himmelsrichtung, denn ich möchte heute aus diesem Tal raus. Dafür muss ich auf 1200 Meter Höhe, um über den Kamm gehen zu können.
Der Weg wird immer verwachsener und ist sogar mit jungen Bäumen zugewuchert. Zu allem Überfluss führt er auf einmal in eine andere Richtung und wieder Berg ab. Ich überlege quer durch den Wald in die richtige Richtung zu gehen. Aber der Wald ist ziemlich dicht bewachsen und ich bin sehr unbeweglich mit meinem Gepäck. Auf einmal steht ein altes verlassenes und zum Teil eingestürztes Haus vor mir in der Wildnis. Der Weg endet hier. Jetzt wird es frustrierend. Ich bin dem Weg bestimmt 1,5 Stunden gefolgt und jetzt endet er an einer Ruine. Wie das Haus ist auch dieser Weg verlassen und verwildert. Tja, es nützt alles nix. Ich muss den Weg zurück und mich anderweitig orientieren.

neue Orientierung

Nun endlich wieder an meiner Ausgansstelle, wo ich genächtigt habe, muss ich nun überlegen was das Beste ist. Auf der Karte weiß ich nicht wo ich bin. Und Gipfel sind in diesem Gebiet nicht ausgeschildert. Auch keine Alm wird irgendwie aufgezeigt. Dabei können die Ziele nicht weiter als Luftline 1 bis 2 km entfernt sein! Aber Luftline ist mal schnell das Dreifache an Weglänge. Und mit dem Gepäck und den zu überwindenden Höhenmetern kommt man auf 3 bis 4 Stunden Gehzeit. Verlaufen kann mal ganz schnell einen Tag kosten. Daher ist es sehr wichtig immer zu wissen wo man ist und bei jeder Kreuzung und in regelmäßigen Abständen die eigene Position auf der Karte zu verfolgen.

Ich werde nun meine einzige verlässliche Chance nutzen. Ich gehe den Weg so weit zurück, bis ich an einer markanten Stelle bin, welche ich einwandfrei auf der Karte zuordnen kann. Es ist jene markante Stelle, welche ich bereits gestern zur Orientierung genutzt habe. Ich gehe zu der Flussüberquerung mit den 2 scharfen Kurven. Dort angekommen mache ich erst einmal eine Pause. Hier steht viel Löwenzahn, welchen ich auch esse. Aufgrund der Aufregung durch die Orientierung habe ich nämlich total das Essen vergessen. Es ist nun mittlerweile 11:30 Uhr, als ich meine Pause mache. Die Sonne kommt hervor und ich lege mich einfach mal auf den Weg und genieße. Obwohl ich nicht wirklich viel geschafft habe, ich bin an der Ausgangsstelle von gestern, war es immens anstrengend. Aus Erfahrung weiß ich, dass ich erst nach 2 bis 3 Tagen an das Gewicht vom Rucksack gewöhnt bin.

Schließlich gehe ich den Weg weiter zurück und versuche eine Alm zu finden, welche auf der Karte eingezeichnet ist. Nebenbei sehe ich wieder auf dem Boden die großen Schnecken. Ich sammle sie, denn da habe ich wieder Fleisch zum Frühstück. Diese Menge an Proteinen kann ich aus Pflanzen keinesfalls gewinnen. Tierische Nahrung ist somit sehr wertvoll.

Auf einmal sehe ich ein Schild, auf welchem die besagte Alm ausgeschrieben ist. Man kann es jedoch nur aus jener Richtung lesen aus welcher ich heute komme. Da es gestern regnete und ich mehr auf den Boden schaute, habe ich das Schild nicht gesehen. Auch an dieser Stelle zeigt sich wieder die Wichtigkeit der Orientierung. Einen Abzweig zu verpassen kann weitreichende Folgen haben. Die Gefahr, dass dies passiert, besteht natürlich immer. Aber wenn man immer wieder auf der Karte seinen Standpunkt nachvollzieht, entdeckt man derartige Fehler recht schnell. Zudem hilft es immens wenn man seine Schrittlänge kennt. Das bedeutet, dass man weiß nach welcher Anzahl von Schritten man eine bestimmte Entfernung zurückgelegt hat. Diesen Punkt weiß ich zwar, habe es aber nicht wirklich beachtet. Ich hielt es für nicht so essenziell. Jetzt weiß ich es besser.

Ich folge nun der Beschilderung, welche mich auf einen neuen gut ausgebauten Weg führt. Nebenher natürlich immer der Fokus auf Schnecken.

und wieder Regen

Kaum ist der neue Weg entdeckt, fängt es wieder an mit regnen. Es ist mittlerweile 13:30 Uhr. Das wirft mich aber nicht aus der Bahn. Ich esse neben Löwenzahn und Brennesseln auch Gänseblümchen. Außerdem nutze ich Gras zur Ernährung. Da dieses aber extrem viele Fasern besitzt kaue ich es nur und spucke den Rest wieder aus. So hole ich mir die Nährstoffe heraus und die Pflanzenfasern, welche nicht nahrhaft sind, fordern nicht sinnlos Energie für die Magen- und Darmbewegung.

Langsam wird es durch den Regen sehr mühsam. Insgesamt muss ich noch 700 Höhenmeter zurücklegen um auf dem Kamm anzukommen, über welchen ich das Tal verlassen will. Ich habe mir dies auch in den Kopf gesetzt, da ich ehrgeizige Ziele habe.

Mein Poncho, welchen ich wegen des Regens überzog, schützt mich zwar. Allerdings ist er nicht besonders atmungsaktiv, weshalb ich darunter stark schwitze. Mein Shirt ist wieder vollkommen nass. Aber ich gehe weiter, sammel Schnecken, esse Gras, Brenneseln und Maiwuchs und trinke viel Wasser. Ich weiß, dass ich es heute bis da rauf schaffen werde und durch die Anstrengung und den wenigen Schlaf sicher sehr schnell tief einschlafe. Außerdem motiviert es mich, dass ich die Schnecken gefunden habe, auch wenn es heute nur 6 Stück sind.

ein Kampf
Ich erreiche die Alm und sehe auf der Karte, dass ich noch einiges an Höhe zu überwinden habe. Der Regen drückt weiter auf das Gemüht. Er ist so demoralisierend, da er stoßweise kommt. Er hört kurz auf und ich denke mir: „endlich vorbei!". Dann geht das wieder los. Immer weiter fort.
Mein Rücken verspannt langsam und der Regen wird stärker. Wie heute Nacht am Zelt hämmert er nun immer weiter an meinen Poncho. Ich habe sehr großen Durst, aber mein Trinksack ist alle. Ich müsste mal an einem Fluss halten, aber die hier sind nicht so zugänglich. Außerdem ist es nicht empfohlen Wasser zu entnehmen, wo man sieht, dass direkt aus der Fließrichtung Kühe grasen. Das Wasser ist dann recht sicher mit deren Kot verschmutzt. Ich habe zwar Aufbereitungschemikalien dabei, aber noch fehlt mir dir Motivation jetzt im Regen den Sack zu füllen und die Chemikalie hinein zu tun. Da laufe ich lieber weiter, es kommt schon eine Stelle. Durst und Regen, wie seltsam das doch ist. Aber die Menge des Regens - zum trinken zu wenig, und für schönes Wandern zu viel.

am Ziel angekommen
Es ist 16:00 Uhr, als ich den Kamm erreiche. So viel Höhe in 5 Stunden, man bedenke dass auch mein Verlaufen Hinzukommt, sind echt extrem kraftraubend. Wenigstens habe ich noch einen

Fluss entdeckt, um meine Wasserreserven aufzufüllen. Den Trinksack füllte ich mit 2 Liter und meinen Wassersack mit 5 Liter. Das wird auf jeden Fall reichen. Ich bin sehr erschöpft und mein Rücken ist auch ziemlich am Ende, von der Kraft her. Ich baue mein Zelt auf und lege mich erst einmal eine Stunde hinein. Ich lausche dem Regen, der immer weniger wird und schlafe etwas. 17:30 werde ich munter. Die Sonne ist wieder rausgekommen und ich trockne meine Sachen. Ich kann mich sogar noch etwas in der Sonne aalen, wenn ich nebenbei esse. Ich finde sehr viele Sträucher von Heidelbeeren. Leider sind sie überhaupt noch nicht reif. Wenn welche am Strauch sind, dann sind sie noch grün. Aber ich esse dennoch die Pflanze, da sie schmackhaft ist und sehr sättigend. Außerdem wächst hier gutes Gras. Wenn man die Stängel heraus zieht, dann sind diese am unteren Ende sehr weiß. Dort ist pflanzliches Eiweiß drin. Es ist zwar nicht viel, da Pflanzen zu einem großen Teil aus Wasser bestehen, aber es ist immerhin etwas. Die Schnecken werde ich erst morgen früh essen, da ich ja heute schon Fleisch hatte. Das Gras ist sättigend, da ich es teilweise komplett mitesse.
Ich verbringe knapp 2 Stunden mit dem Essen. Das ist eine ganz gute Methode finde ich. Da ich es kaum schaffen werde täglich 9 bis 10 Stunden zu laufen, es werden wohl eher um die 4 bis 5 sein, habe ich immer ab späten Nachmittag viel Zeit. In dieser Phase kann ich besonders gut essen. Auch Maiwuchs finde ich problemlos.
Ich entdecke 2 Raupen, welche auch essbar sind. Es sind grüne Raupen, welche auf essbaren Pflanzen sitzen. Bei Raupen, so hab ich gelesen, muss man darauf achten, dass sie nicht behaart sind. Außerdem sollten sie auf Pflanzen sitzen, welche Menschen vertragen. Sie ernähren sich ja von diesen Pflanzen und tragen daher auch die Inhaltsstoffe in sich. Ich finde aber sehr wenige davon. Insekten scheinen in meinen Augen sowieso eine sehr schwere Nährstoffquelle zu sein. Ich habe mich mit dem Essen von Insekten befasst, in der Annahme, dass ich diese nutzen

werde. Bis jetzt ist jedoch der Hunger noch nicht so ausgeprägt, dass ich diese Hemmschwelle in großem Stil überwinden muss. Außerdem finde ich recht wenige davon. Mal sehen ob sich das ändert.

die zweite Nacht
Damit ich mich an die Geräusche der Umgebung gewöhnen kann, lege ich mich bereits 20:00 Uhr ins Bett. So ist es noch 2 Stunden hell und ich höre die Geräusche der Umgebung zu einer Zeit, in welcher ich mich sicher fühle. Denn es ist auch sehr ungewohnt in der Nacht allein im Zelt zu sein, in Mitten eines Waldes. Man hört penibel auf jedes Geräusch und versucht es zu analysieren. Wenn ich mir aber eine Gewöhnungszeit einräume, dann werde ich sicher schneller meine nächtliche Ruhe finden.
Trotz meiner Müdigkeit finde ich nur wenig Schlaf. Meine Zeltstelle ist zudem recht uneben, was mich immer wieder munter macht. Den richtigen Platz zu finden ist immens wichtig, das merke ich immer wieder. Aber im Gebirge und bei diesem Boden ist das eben nicht sehr einfach. Aber wenigstens fühle ich mich gesättigt. Das immerhin nach einem ganzen Tag ohne der gewohnten Ernährung. Zumindest das sehe ich als Erfolg an. Ich glaube 23:30 Uhr gelingt mir dann auch das Einschlafen. Durchschlafen funktioniert jedoch nicht. Immer wieder werde ich munter. Die längste Schlafenszeit am Stück sind 1,5 Stunden gewesen.

3. Tag: Samstag der 14.06.2014

Aufstehen und Frühstück
Es ist ungefähr 7:30 Uhr als ich aufstehe. Auch diese Nacht ist keine zum Ausschlafen gewesen. Irgendwann nach Mitternacht muss ein größeres Tier an mein Zelt gerannt sein. Ich erwachte, als etwas an die Zeltwand gestoßen ist. Gleich darauf rannte das Tier weg. Es klang nach einem Huftier. Vielleicht ist es ein Reh

gewesen. Ansonsten erwachte ich oft durch die Unebenheiten auf dem Boden. Ich möchte gern noch ein wenig liegen bleiben, so wie ich es zu Hause oft tue. Aber ich habe starke Rückenschmerzen. Nicht in der Wirbelsäule, aber in der Muskulatur darum. Wenn der Untergrund nicht gerade ist, dann muss man damit rechnen. Auch diese Nacht werden es nicht mehr als insgesamt 4-5 Stunden Schlaf gewesen sein. Dazu mit einigen Unterbrechungen. Jedoch muss ich auch sagen, dass ich nicht sonderlich müde bin. Der Schlaf scheint zu reichen, auch wenn es nicht viel ist. Jetzt ist auch die Zeit, in welcher ich komplett in der Natur angekommen bin. Während ich gestern noch von meiner Sättigung durch die Zugfahrt zehren konnte und von der heimischen Erholung, sind nun am dritten Tag derartige Ressourcen aufgebraucht. Aber ich fühle mich gut.

Zum Frühstück esse ich Maiwuchs, die unteren Teile von Gras und Heidelbeerkraut. Als besonderes Highlight natürlich die 6 Schnecken, welche ich gestern fand. Ich bereite sie so zu, wie ich es auch gestern tat. Sie sind mir gut bekommen also mache ich es genauso weiter. Dazu gibt es einen Ingwertee. Die großen Stücke darin esse ich besonders gern.

Meine Sachen sind von gestern auch alle wieder trocken geworden. Obwohl es sehr nebelig ist und ich nicht einschätzen kann wie das Wetter werden soll, freue ich mich auf die heutige Wanderung. Natürlich hoffe ich, dass es heute mal nicht regnet. Es wird sich zeigen. Ich peile an, dass ich so ca. 10:00 Uhr starte. Da ich auch heute maximal 6 Stunden laufen will, wäre ich dann 16:00 Uhr an meiner neuen Stelle. Da ist mehr als genug Zeit zum Essen machen, relaxen und eventuell die Ausrüstung nachzubereiten.

das heutige Ziel
Als Hauptziel im Urlaub habe ich geplant, dass ich einen 3000er besteige. Der Zugang ist zwar eine schwarze Route (schwer), aber durchaus machbar, auch mit dem Gepäck. Die Länge des

Aufstieges wird es jedoch erforderlich machen, dass ich da oben irgendwo übernachte. Da dort weitestgehend Geröll sein wird, muss ich mein Zelt auf einem Schneefeld errichten. Ob das klappen wird weiß ich ehrlich gesagt nicht. Theoretisch sollte es kein Problem sein. Ich halte mir die Besteigung allerdings offen. Um zu schauen wie ich klar komme und die Bodenbeschaffenheit für ein Zelt oberhalb der Baumgrenze ist, möchte ich zur Probe einen 2000er besteigen. Danach werde ich schauen ob ich den 3000er machen werde oder nicht. Ich muss nämlich auch beachten, dass es da oben viel weniger zu Essen gibt und auch Brennmaterial ziemlich rar ist.

Heute möchte ich daher den Grundstein legen, um morgen den 2000er zu besteigen. Ich werde mir eine gute Ausgangsposition suchen, von welcher aus ich morgen in der Frühe starten kann. Bis dahin sind es Luftlinie ca. 5 km. Die Entfernung zu Fuß beträgt in etwa 15 km. Es sind zwar auch einige Höhen zu überwinden, aber es geht auch mal Berg ab. Im Mittel bleibe ich jedoch auf meiner jetzigen Höhe von 1200 Meter. Ich bin sehr motiviert, da ich ein Ziel habe, weiß wo ich bin und direkt darauf hin arbeiten kann.

Auf zum Ziel

Zuerst einmal geht es wieder steil Berg ab. Da meine Zeltstelle auch diesmal weiter oben liegt, muss ich erst einmal quer durch das Gebüsch hinunter. Es wird gar nicht lange dauern und ich komme an einer Alm vorbei. Der Wanderweg dahin führt quer durch den Wald Berg ab. Es gibt so viel Heidelbeerkraut. Es ist einfach nur schade, dass die noch nicht reif sind. Aber naja, es ist nun einmal so.

Ich komme an einem gut ausgebauten Weg heraus und folge diesem erst einmal. Nach einigen hundert Metern finde ich einen großen Fluss. Ich erfrische mich etwas und trinke. Mittlerweile ist es recht warm geworden und das kalte Wasser tut mir ganz gut. Ich gehe den Weg weiter. Rechts von mir, ein Stück in der Ferne, ist das große Hauptziel des Urlaubs, der 3000er. Seine Gipfel sind in Wolken gehüllt. Aber er sieht gigantisch aus. Die langgezogene Bergkette und die schroffen Felsen. Ich muss sagen, dass mir der Gedanke kommt: „Das wird wohl nix werden.". Denn ich fühle trotz des geraden Weges das immense Gewicht und wie anstrengend dies ist. Der Aufstieg würde 10 Stunden Fußmarsch bedeuten und 1500 Höhenmeter. Mal sehen wie die kommenden Tage werden.

die Psyche
Mit dem Essen komme ich mittlerweile super zurecht. Auf dem Weg gibt es Brennnesseln und Gänseblümchen. Sie machen gut satt und liefern auch Energie. Gerade Brennnesseln haben Öl. Öl ist nix anderes als Fett und dieses hat einen gigantischen Brennwert. Mehr als doppelt so viel wie Kohlenhydrate.
Ich fühle jedoch wie ich etwas einsam werde. Am dritten Tag schon? Ich wollte doch weg von Menschen und einmal für mich sein. Es ist auch nicht so schlimm. Aber ich vermisse etwas den Austausch mit einem Partner. Solche Themen wie: Wie hast du geschlafen?, Bekommt dir das Essen?, Denkst du wir schaffen den Berg? usw. möchte ich gern besprechen. Das kann ich aber nicht. Und wenn ich daran denke wie die Leute dort an der Alm draußen sitzen und sich unterhalten, während ich hier alleine meine Last durch den Wald schleppe, kommen etwas depressive Gedanken auf. Aber ich lasse mich nicht unterkriegen. Ich habe ein Ziel und der Urlaub ist ein Projekt. Also geht es weiter wie geplant.

weiter zum Ziel
Ich hab mich fast wieder verlaufen. Diesmal ist es mir aber sehr zeitig aufgefallen, sodass ich nur einen kleinen Anstieg wieder rauf muss. Ich war für eine Zeit unvorsichtig. Auf der Karte sah ein Weg anders aus, als er sich mir präsentierte. Außerdem lief ich rechts von einer Steigung entlang und nicht wie auf der Karte

links davon. Das macht es mir recht einfach den Fehler zu erkennen.

Langsam schlaucht das Wandern ganz schön, obwohl ich gerade einmal die Hälfte geschafft habe. Ich komme an einer zweiten Alm vorbei. Diesmal stört mich der Gedanke an die geselligen Leute dort nicht mehr so sehr. Ich habe genug mit der Anstrengung zu tun.

Ich gehe weiter und es geht Berg auf. Der große Hauptweg macht Serpentinen und ein kleiner Pfad geht direkt quer hoch. Ich nehme den Pfad. Er ist zwar viel steiler, aber ich komme schneller voran. Jetzt wird mein Weg etwas wilder. Ich verlasse den gut ausgebauten Pfad und gehe quer durch den Wald. Vor mir kommt eine Wasserquelle. Ich fülle meinen Trinksack auf und erfrische mich. Es wächst einiges an Löwenzahn hier. Er schmeckt nicht so gut wie die anderen Pflanzen, aber er hat die besten Nährwerte. Daher esse ich ihn auch.

Eine Stunde noch und ich bin in dem Gebiet, wo ich mein Lager aufschlagen werde. Der Weg wird etwas steiniger, aber immer noch gut begehbar.

Ich habe endlich das Ziel erreicht, nur finde ich schwer einen Zeltplatz. Hier ist es überall viel steiler und es gibt kaum gerade Stellen für mein Zelt. Ich denke noch immer, dass ich mehr Schlaf brauche und hoffe diese Nacht eine gute Stelle zu finden. Eine, auf welcher ich eben liege und einfach mal durchschlafe.

die Suche nach dem Zeltplatz

Es ist mittlerweile 15:45 Uhr und ich finde keine geeignete Stelle. Weiter Richtung dem 2000er kann ich nicht gehen, da es dort nur unebener wird. Also muss ich ein Stück zurück. Das ist die unbequemste Alternative für mich, da ich den Weg ja im Grunde schon überwunden habe. Ich vergeude wertvolle Energie und Zeit. Aber was tut man nicht alles für einen passenden Schlafplatz.

Ich entdecke rechts neben mir am Hang eine Stelle, welche verspricht eben zu sein. Zumindest sieht es von unten so aus. Ich steige den Hang hinauf. Es sind wieder um die 50 Meter zu überwinden, so schätze ich. An der Stelle angekommen muss ich leider feststellen, dass sie zwar flach ist, also keine Steigung den Hang hinauf, aber eben doch sehr uneben. Enttäuscht gehe ich wieder runter und weiter zurück. Es kommt ein Bereich des Weges, welcher nicht von Tannen bewachsen ist. Hier ist viel Gras. Es gibt paar Stellen, welche ganz passabel aussehen. Aber hier möchte ich ungern bleiben, da ich zu leicht zu sehen bin.
Ich gehe weiter und entdecke erneut am Hang ein vielversprechendes Gebiet. Ich steige wieder rauf. Auch hier ist es nicht so besonders. Aber ich werde jetzt hier bleiben. Ich stelle mein Zelt irgendwie so, dass ich gut liege. Zur Not ebne ich es drinnen etwas mit Sachen. Ich habe einfach keine Lust mehr noch weiter zurück zu gehen. Nun ist es auch schon fast 17:00 Uhr und ich möchte mich endlich nieder lassen.

ein Fehler

Nachdem ich meinen Rucksack abgelegt habe, werde ich Wasser holen. Weiter vorn war ein größerer Bach mit Wasser von guter Qualität. Ich nehme meinen 10 Liter Sack und fülle diesen dort. Es ist weiter als ich dachte. Die Sonne scheint und ich wasche mich gleich am Fluss. Das tut einfach nur gut. Gerade für die Füße ist es wichtig auf Hygiene zu achten. Sie tragen mich noch die nächsten 1,5 Wochen und müssen gepflegt werden. Besonders wichtig ist das Abtrocknen danach. Nasse Füße sind extrem anfällig für Blasen. Also es lohnt sich da sorgfältig zu sein.
Der Sack ist gefüllt und ich bin wieder erfrischt und etwas gesäubert. Ich gehe jetzt zu meinen Sachen und werde mein Zelt aufbauen. Ich steige den Hang hinauf und dort wo ich meine Sachen vermute, da ist nix. Ich gehe weiter hinauf und schaue von oben runter. So sieht man viel mehr. Aber mein Rucksack ist nicht zu sehen. Ihn hat niemand gestohlen, dessen bin ich mir

sicher. Es war keiner da und den trägt niemand so schnell weg. Ich bin einfach an der falschen Stelle. Aber das ändert nix daran, dass das sehr problematisch werden kann. Ich habe nur kurze Sachen an und meinen Fotoapparat bei mir. Alles andere ist im Rucksack. Ich schaue genauer und laufe das Gebiet ab. Aber es ist nix zu finden. Langsam werde ich sehr unruhig. Was mach ich, wenn ich ihn bis zur Dämmerung noch immer nicht habe? Gehe ich ins Tal? Meine Taschenlampe ist ebenfalls da drin. Also muss ich eher gehen? Oder bleibe ich hier? Nachts wird es sehr kalt. Ich mache mich jetzt nicht verrückt. Schließlich habe ich noch gute 4 Stunden Zeit. Dann fällt mir auf, dass ich die vorhin beschriebene Grasfläche nicht überquert habe. Ich bin diesen Hang schon rauf, allerdings ist es jener Hang, wo ich keinen Schlafplatz fand. Ich geh wieder runter und weiter zurück. Den nächsten Hang hinauf und siehe da, meine Ausrüstung. Gott sei Dank!

Da sieht man wieder wie verlässlich Erinnerungen sind. Den Weg da vorn bin ich gegangen und orientiert an den Erinnerungen habe ich da mein Lager aufgeschlagen. Zudem sieht im Wald vieles gleich aus, gerade wenn es reine Nadelwälder sind. Es war wichtig, dass ich Ruhe bewahrt habe und noch Zeit hatte. Dadurch bin ich mit einem Schrecken davon gekommen. Ab jetzt merke ich mir markante Stellen. Außerdem ist hier wieder der Punkt: Schritte zählen! Hätte ich dies getan, vom Lager bis zur Wasserstelle, dann wäre mir so etwas nicht passiert.

den Tag ausklingen lassen
Ich habe nun mein Zelt aufgebaut und alles soweit fertig gemacht. Das Zelt ist leicht schief. Es ist seitlich geneigt. Und es steht auf einer Wurzel, welche ich beim Aufbau nicht sah. Ich weiß schon, was mich heute Nacht erwartet. Ich werde sicherlich nicht durchschlafen. Aber ich bin recht müde, sodass ich hoffentlich schnell einschlafe.

Zum Abend koche ich mir Wasser mit Heidelbeerkraut. Das Kraut ist sättigend und, auch wenn die Früchte noch grün sind, nährstoffhaltig. Durch das Kochen wird das Kraut weicher und ich kann auch die Stängel bequemer essen. So krieg ich viel mehr in den Magen und helfe meinem Körper bei der Zersetzung. Außerdem ist warmes Essen für die Moral immer ganz gut, finde ich. Es hat einen Hauch von Luxus und ich hebe mich etwas von der Tierwelt um mich herum ab. Meinen Ingwertee gönne ich mir natürlich auch.

in Gedanken
Nach dem Essen gehe ich nochmal zur Wasserstelle vor und erfrische mich. Es war nicht nötig, aber ich wollte noch irgendwas machen. Beim laufen kann ich auch besser Nachdenken. Ich denke viel an die Menschen in meinem Leben. Egal ob Freunde, Partnerin oder die Arbeit. Mir gehen Gespräche durch den Kopf und irgendwelche Situationen. Wie abgeschieden ich hier doch bin. Ich schaue nicht auf mein Handy oder in die Mails, sondern ich gehe mich waschen. Nebenbei esse ich Gras, Löwenzahn und ein paar andere Pflanzen. Das Essen reicht mir.

zeitig ins Bett
Es ist 19:00 Uhr und ich verkrieche mich im Zelt. Wenn ich ganz leise bin höre ich die Geräusche von dem Ort im Tal. Das gibt mir ein gutes Gefühl. So alleine bin ich gar nicht, es ist nur niemand hier. Ich lege mich auf den Rücken und lausche dem Wald. Ich horche in meinen Bauch und bin satt. Auch habe ich keine Probleme mit der Verdauung, was mich besonders freut. Diese radikale Veränderung hätte sich auch ganz anders auswirken können. Jedoch kommt mein Körper toll damit zurecht. Aber abwarten, es fängt gerade erst an.
Ich finde nur schwer Schlaf. Es ist 21 Uhr, 22 Uhr und ich nicke kurz weg. 23:30 schaue ich wieder auf die Uhr und liege über eine Stunde wach im Bett. Diese Nacht ist wahrlich keine bessere

als die Letzten. Aber was soll's. Wenn mein Körper irgendwann richtig erschöpft ist, dann wird er sich seinen Schlaf schon nehmen.

4. Tag: Sonntag der 15.06.2014

ein sonniger Morgen
Früh höre ich einen ganz laut krächzenden Vogel. Auch in der Nacht hörte ich ihn. Erst klingt es irgendwie nach einem laut bellenden Hund. Ich höre dann aber schnell heraus, dass es ein Raubvogel sein muss. So etwas habe ich noch nie gehört.
Auch in dieser dritten Nacht fand ich nicht sonderlich viel Schlaf. Es beeindruckt mich etwas, dass ich mich dennoch fit und motiviert fühle. Der wenige Schlaf mit seinen Unterbrechungen scheint mir wirklich zu reichen.
Auch das Wetter spielt heute Morgen gut mit. Die Sonne scheint und ich stehe direkt im Sonnenschein neben dem Zelt. Das tut gut und gibt Kraft für den Tag.
Zum Frühstück gibt es Heidelbeerkraut in gekochtem Wasser. So trinke ich viel, über 1 Liter, und fülle meinen Magen. Etwas Löwenzahn finde ich auch noch. Er gibt mir einiges an Kohlenhydraten. Ich lasse mir noch etwas Zeit und packe langsam zusammen. 10:00 Uhr bin ich dann abmarschbereit.
Bis zum Gipfel sind es ungefähr 700 Höhenmeter. Das ist schon ein anstrengender Weg, jedoch habe ich vorgestern eine ähnliche Strecke bewältigt. Darum bin ich ganz zuversichtlich, dass ich es schaffen werde.

auf geht es
Ich fülle meinen Trinksack mit 2 Liter Wasser. Den Wassersack lasse ich leer. Laut Karte wird es noch genügend Wasserstellen geben. Zudem möchte ich jedes zusätzliche Gewicht vermeiden, wenn ich auf den Gipfel wandere.

Erst einmal geht es wieder den Hang Berg ab, damit ich auf den Wanderweg gelange. Ich folge diesem und passiere wieder die Wasserstelle, an welcher ich mich gestern gewaschen habe. Nebenbei finde ich einigen Löwenzahn. Außerdem sehe ich Klee. Ich erinnere mich, dass ich auch über die Essbarkeit von Klee gelesen habe. Nur weiß ich nicht mehr genau, was da gestanden hat. Ich habe zwar ein Buch über Pflanzen mit. Jedoch sind dort nur die wichtigsten aufgeführt und Klee gehört nicht dazu. Aber er ist nicht giftig. Wäre er das, dann hätte ich mich daran erinnert. Also esse ich ihn. Ich bin überrascht wie lecker der schmeckt. Er ist sehr erfrischend und hat einen etwas süßlich-würzigen Geschmack. Er ist so lecker, dass ich mich total auf ihn fokussiere. Er wird heute wohl zu meinem Hauptnahrungsmittel. Er ist wie die Schokolade des Waldes.
Ich schaue noch einmal auf der Karte nach was mich jetzt erwartet. Mein Ziel sind sogar 2 Gipfel. Sie liegen nur etwa 150 Meter auseinander und haben fast die gleiche Höhe. Also werde ich auch beide bewandern.

der Weg zum Gipfel

Der Wanderweg ist steinig und hat einen leichten Anstieg. Mal steiler mal weniger steil. Aber es ist schon anstrengend, zumal der Weg so uneben ist. Es ist ein Trampelpfad quer durch den Wald.
Nun führt der Weg unter einer Gondelleine entlang und macht eine Biegung gerade nach oben. Es ist ein Pfad quer über Wiesengelände und sehr steil. Das strengt schon enorm an. Ich mache mehrere Pausen. Immer wenn ich mich hinsetze, dann mache ich das so, dass mein Rucksack komplett entlastet wird. Es ist eine Erleichterung. Auf der Wiese wachsen einige Gänseblumen. Ich esse sie. Natürlich trinke ich auch sehr viel. Die Sonne scheint größtenteils. Es sind nur wenige Wolken am Himmel.

Der Weg endet an der Gondelstation. Hier ist ein zentraler Punkt, an welchem viele Wanderwege abgehen. Unter Anderem auch meiner Richtung Gipfel. Ausgeschrieben ist er mit 2 Stunden. Aufgrund meiner Last gebe ich mir daher 3 Stunden.
Die Route wird schmaler und unbequem zu laufen. Ich brauche viele Pausen, da immer wieder steile Anstiege dabei sind. Der Löwenzahn ist hier besonders groß. Ich esse diesen reichlich, da ich einiges an Energie benötige. Natürlich gönne ich mir auch den Klee immer wieder zwischendurch.
Jetzt erreiche ich eine Aussicht. Da steht auch eine Bank, auf welcher ich mich niederlasse. Von hier aus kann ich den 3000er sehen. Er ist wieder in Wolken gehüllt. Auch bei mir ziehen immer mehr Wolken auf. Ich hoffe mal, dass das Wetter durchhält. Ich möchte auf dem Gipfel gern freie Sicht haben.
Der Weg führt durch eine Schlucht Richtung Gipfel, in welcher mir ein Fluss entgegen fließt. Er ist reichlich gefüllt. Hauptsächlich mit Schmelzwasser, denn da oben liegt noch immer Schnee. Der Boden ist ziemlich feucht und dadurch matschig. Der steile Anstieg dazu und mein schweres Gepäck lassen mich immer wieder wegrutschen. Ich komme recht langsam voran. Das Essen habe ich mittlerweile verdrängt. Immer wenn es anstrengend wird vernachlässige ich die Nahrungsaufnahme. Ich hoffe, dass sich dies nicht einmal rächen wird.
Ich stoße auf eine kleine Holzbrücke, welche den Fluss überquert. Danach wird der Weg trockener und steiniger. Ich verlasse auch langsam den Wald, da ich mich der Baumgrenze nähere. Ich merke, dass es gleich viel weniger Insekten gibt, die mir vor dem Gesicht umher fliegen. Dies ist echt eine Erlösung. Ich fülle nur noch meinen Wasservorrat wieder auf, bevor ich mich an die letzen 200 Höhenmeter mache. Da oben gibt es nicht so einfache Möglichkeiten Wasser zu finden. Sicherlich wäre der Schnee eine Möglichkeit. Jedoch weist dieser einige Nachteile auf. Er ist extrem kalt. Da die Umgebungstemperatur ebenfalls niedrig ist, ist das nicht optimal. Mein Körper benötigt dann viel Energie um

die Temperatur des Wassers dem Körper anzupassen. Außerdem ist Schnee nicht so ergiebig. Eine bestimmte Menge von Schnee ergibt ungefähr 1/3 der Menge an Wasser. Zudem ist Schnee entmineralisiert. Das ist ein Nachteil, denn unser Körper verliert mit der Aufnahme von diesem Wasser Mineralien. Diese müssen dann zusätzlich durch Ernährung aufgefüllt werden. Da ich auf Grund der Anstrengungen viele Mineralien benötige, sollte ich das vermeiden. Es wäre zwar keine große Belastung, wenn ich heute mal derartiges Wasser trinke, aber wenn es vermeidbar ist, sollte man es auch unterlassen.

Ich verlasse nun komplett die Baumzone und begebe mich auf steinigen Weg. Teilweise liegt da viel Geröll, dass man besonders aufmerksam wandern sollte. Die Sonne scheint wieder stärker, was mich sehr durstig macht. Immer wieder brauche ich kurze Pausen, da der Anstieg steil ist. Etwas spüre ich auch die Höhe. Man merkt, dass weniger Sauerstoff zur Verfügung steht. Alles ist anstrengender.

Ich passiere ein Schneefeld und muss teilweise leicht klettern. Den Gipfel sehe ich schon. Noch eine halbe Stunde, dann bin ich oben.

endlich am Gipfel

Die Wolken ziehen sich langsam zu. Als ich den ersten Gipfel erreiche bin ich richtig stolz. Endlich oben. Ein Foto darf natürlich nicht fehlen. Ich genieße etwas die Aussicht. Die aufziehenden Wolken werden dunkler. Ich hoffe dass es nicht schon wieder regnet. Nach 20 Minuten breche ich wieder auf und gehe zum zweiten Gipfel. Ich steige erst 50 Höhenmeter ab und dann wieder 70 rauf. Es ging zwar ganz gut, aber wenn ich so auf die Karte schaue habe ich es mir leichter vorgestellt. Auch am zweiten Gipfel lässt mich das Wetter etwas im Stich. Die Wolken ziehen sich zu. Aber es regnet wenigstens nicht. Ich kann mein Wandergebiet recht gut überblicken und sehe wo ich schon überall geschlafen habe. Es ist ganz interessant dieses große

Waldgebiet zu erfassen und zu wissen, dass man irgendwo dort gewesen ist.

und es geht weiter
Ich halte mich nicht so lange auf und beginne den Abstieg. Hier oben gibt es einige kleine Seen aus Schmelzwasser. Eigentlich würde ich mich da gern erfrischen und kurz baden. Trotz der Kälte, welche sich durch den Wind noch kälter anfühlt, ist so etwas immer sehr erfrischend und antreibend. Aber ich lasse es. Der Himmel sieht nicht so gut aus und ich möchte nicht in einen Regenguss kommen.
Als ich wieder in den Wald komme sehe ich Unmengen von Klee. Ich greife sofort zu und esse sehr viel davon. Er schmeckt fantastisch. Die Route führt durch holpriges Gelände. Auf einmal kommt die Sonne heraus. Das gibt mir unglaublichen Auftrieb. Ich lege meinen Rucksack bei Seite, ziehe mein Shirt aus und Sonne mich mitten auf dem Weg. Die Stelle passt gerade ganz gut. 20 Minuten lang kann ich die Sonne genießen. Gerade bei solchem Wetter macht es viel Sinn Sonnenlicht derart zu nutzen. Es steigert einfach die Motivation und für ein Sonnenbad sollte man sich die Zeit nehmen.
Weiter führt mich mein Weg über eine große freie Fläche. Hier zieht der Wind ganz schön und es wird kalt. Das ist das erste mal, dass ich meine Jacke zum wandern anziehen muss. Endlich treffe ich auf den Hauptweg. Hier sollte in ca. 200 Metern ein kleiner Weg abgehen, welchem ich folge. Dieser führt in ein kleines Talgebiet, wo ich irgendwo mein Lager aufschlagen werde.
Jedoch, nach einiger Zeit merke ich, dass ich den Weg doch schon längst hätte abbiegen müssen. Ich gehe noch ein Stück. Als ich dann in der Ferne eine Almhütte sehe weiß ich, dass ich zu weit gegangen bin. Das ist ärgerlich. Es ging den ganzen Weg leicht Berg ab. Nun muss ich wieder rauf. Ich gehe bis zu der Kreuzung, bei welcher ich auf den Weg gelangt bin.

Endlich dort angekommen entdecke ich einen Fehler auf meiner Karte. Der Weg in das besagte Tal beginnt direkt an der Kreuzung und nicht, wie auf der Karte aufgezeigt, 200 Meter weiter talwärts. Ich hätte die Beschilderung einmal genauer lesen sollen, da wäre mir vielleicht aufgefallen, dass dies bereits mein Weg war. Naja, wieder ein ganzes Stück umsonst gelaufen.

bald geschafft
Ich folge dem Weg in das Tal. Viel Gras wächst hier und überall ist es recht feucht. Mein Wassersack ist fast leer. Ich komme an eine künstliche Wasserrinne, wo ich meinen Vorrat auffüllen kann. Wenn ich genauer schaue, sehe ich, dass weiter unten eine ebene Grasfläche ist. Vielleicht geht sie hinter den Bäumen weiter. Endlich hätte ich mal einen Platz gefunden, auf welchem ich einfach gerade liege. Ich gehe den Hang hinunter. Neben mir ist das kleine Flüsschen, welches oben aus der Rinne fließt. Das Rinnsal verfließt sich weiter unten und weicht den ganzen Boden auf. Es ist sehr matschig und auch viele Insekten leben hier. Unten angekommen untersuche ich den Platz. Leider ist er nicht so gut, alleine schon weil er vom Weg her einsehbar ist. Sehr schade.
Ich gehe den Hang wieder rauf und sehe kleine Schnecken. Die kleinen mit Haus. Ich schaue genauer hin und entdecke immer mehr. Das Essen habe ich vollkommen aus den Augen verloren. Ich beginne zu sammeln und finde bestimmt 15 Stück. Das wird ein Abendessen. Endlich wieder etwas Fleisch. Wieder am Weg angekommen gehe ich erst einmal weiter. Nach einem kleinen Stück sehe ich erneut Hang abwärts eine größere Grasfläche. Ich gehe zwar lieber Hang aufwärts um weniger gut gesehen zu werden, aber hier bietet sich dies nicht an. Weiter oben ist schließlich auch ein großer Hauptweg, welcher dann zu dem besagten Haus führt.

einen Platz gefunden
Das Wiesengebiet ist sehr sumpfig. Viel Feuchte hat den Boden aufgeweicht und es leben auch viele Mücken hier. Ich schaue mich etwas um und entdecke eine kleine Stelle am Rand. Sie ist etwas weiter oben gelegen und nicht ganz so nass. Aber auch sie ist nicht ganz eben. Damit muss ich mich aber arrangieren. Einige Meter weiter weg stehen Tannen, welche mir Holz für Feuer bieten. Ich werde hier bleiben. Das Zelt steht wie zu erwarten leicht schief. Die Füße zeigen nach unten. Es wird sicher gehen. Besser als in einer Kuhle zu schlafen, so denke ich. Nachdem alles aufgebaut ist schaue ich gleich in naher Umgebung nach Schnecken. Da der Boden hier auch so feucht ist, wird es auch hier sicher einige geben. Aber es gibt keine. Das wundert mich sehr. Es ist genauso feucht wie an der anderen Stelle, und Wiese ist auch vorhanden. Was hier anders sein soll kann ich mir nicht erklären.
Wie auch immer, ich gehe daher vor und suche an der alten Stelle weitere Schnecken. Vielleicht habe ich ja Glück. Ich werde auch meinen Wassersack auffüllen, was ich vorhin nicht getan habe.
Irgendwie fühle ich mich in dem Gebiet aber nicht so ganz wohl. Ich weiß nicht warum, irgendwas passt einfach nicht. Aber ich beachte das nicht weiter. Ich finde noch ungefähr 10 weitere Schnecken und nehme diese mit.

der Abend
Nachdem nun alles steht nehme ich mir meine Kochutensilien und gehe zu den Tannen. Ich koche die Schnecken. Es ist echt mühsam bei diesen kleinen Exemplaren überall die Tiere aus den Häusern zu fummeln. Auch wenn sie abgekocht sind, so geht das mitunter recht schwer. Es dauert ziemlich lange, bis alle fertig sind. Jetzt nur noch erneut kochen und schon gibt es Fleisch. Während die Schnecken kochen trinke ich meinen Ingwertee.
Die Schnecken schmecken ganz gut. Es ist jedoch nix im Vergleich zu den größeren Exemplaren. Aber man muss nehmen

was sich bietet. Nach den Schnecken esse ich noch Maiwuchs von den Tannen. Hier gibt es ausgesprochen viele Ameisen. Darum kann ich gar nicht so lange bei den Tannen bleiben. Zurück beim Zelt attackieren mich die Mücken. Ich ziehe mir lange Sachen an und esse noch weiter Gras und paar Brennnesseln.

Mir fehlt der heimische Luxus. Einfach mal weich sitzen und nicht immer von Insekten belagert werden. Ordentlich das Essen hinstellen und einfach genießen. Aus einem schönen Glas trinken und etwas träumen. Das geht hier nicht so wie ich es mir erhofft habe. Außerdem sind in dem Matsch sehr viele Hufabdrücke, welche nicht von Kühen stammen. Hier werden in der Nacht wohl einige Tiere unterwegs sein. Ich gehe bei Zeiten in das Zelt. Schon jetzt merke ich, wie ich immer nach unten rutsche. Es ist nur eine leichte Schräge, aber auch diese wird mich um eine durchschlafende Nacht bringen. Ich freue mich auf morgen, wenn ich wieder in festem Waldgebiet unterwegs bin.

Ich denke gerade sehr intensiv an ein richtiges Bett. Es ist gerade, gleichmäßig weich und hat ein großes Kopfkissen. Mein Kopfkissen besteht aus einem Knäul von Sachen. Es ist zwar weich und erfüllt seinen Zweck, aber es ist eben kein richtiges Kissen. Mal sehen wie die Nacht wird.

5. Tag: Montag der 16.06.2014

eine Entscheidung
Nach den Eindrücken dieses Berges muss ich nun entscheiden, ob ich den 3000er besteige. Natürlich wäre es sehr abenteuerlich und sicherlich eine besondere Erfahrung. Dem entgegen setze ich jedoch die Eindrücke bis jetzt. Die starke körperliche Belastung ist sowieso immer präsent. Das ist kaum noch erwähnenswert. Ich müsste die doppelte Menge der Höhenmeter von gestern zurücklegen. Ich denke das wäre sogar noch lösbar. Wo ich große

Probleme sehe ist die Übernachtung. Auf dem 2000er hätte ich kaum eine Stelle zum Schlafen entdeckt. Und dieser Berg ist noch einmal 1000 Meter höher. Dort ist es voraussichtlich noch steiniger. Zudem ist das Übernachten auf einem Schneefeld etwas ganz Neues, was ich vorher einmal probieren sollte. Dazu kommt auch noch die Unbeständigkeit des Wetters. Da oben sind fast immer Wolken. Und die Schwierigkeit der Zeltstelle sollte ich nicht unterschätzen. Mitunter suche ich recht lange nach geeigneten Plätzen. Auf diesem Berg habe ich ein kleines Areal auf der Karte ausfindig gemacht, welches sich zum starten anbietet. Wenn dies allerdings nicht passt, habe ich ein Problem. Da ist noch nicht die Übernachtung in der Gipfelnähe bedacht.

Es gäbe natürlich die Alternative am Start oder auf dem Gipfel in eine Hütte zu gehen. Es ist recht wahrscheinlich, dass ich bei Besteigung eine Nacht in eine Hütte müsste. Jetzt muss ich einfach abwägen was wichtiger ist. Der Gipfel und dafür mein Projekt zu vernachlässigen, dass ich 2 Wochen in der Wildnis bin. Oder aber ob ich mein Projekt durchziehe und definitiv in keine Hütte gehe. Ich entscheide mich gegen den Gipfel. Mir ist wichtiger zu sehen, ob ich eine längere Zeit am Stück in der Natur bestehen kann. Außerdem kenne ich den psychischen Effekt, wenn man während eines solchen Urlaubs zwischendrin in einer Unterkunft nächtigt. Die darauf folgende Zeit ist sehr demotivierend. Das Projekt ist wichtiger!

aufstehen und Routenplanung
Da ich eine ergiebige Stelle für Schnecken entdeckt habe, beschließe ich zum Frühstück nochmals einige zu sammeln. Die Nacht ist feucht gewesen, weshalb ich sicherlich fündig werde. Ohne groß Zeit zu verlieren gehe ich zu dem kleinen Bach und finde einige Schnecken. Leider nicht so viele um noch etwas mitnehmen zu können. Aber das macht nichts. Zumindest wird es ein gutes Frühstück. Zurück am Zelt mache ich mich gleich an

die Zubereitung. Nebenbei esse ich Maiwuchs und trinke meinen Ingwertee. Ein paar Gänseblümchen finde ich auch noch.
Als ich mir genauer meine Karte anschaue, staune ich nicht schlecht. Vom Gipfel des gestrigen Berges erstreckt sich eine Schlucht, welche bis ins Tal führt. Ich muss jedoch auf die andere Seite der Schlucht, da mein mittelfristiges Ziel in dieser Richtung liegt. Ich habe nämlich beschlossen, da ich den 3000er nicht mache, in einigen Tagen zu einem westlicher gelegenen Gebirge zu gehen. Dafür muss ich jedoch einen Talort durchqueren. Somit ist mein nächstes Ziel eine gute Ausgangsposition, um am Folgetag zeitig im Tal zu sein und von da aus wieder in den Bergen zu verschwinden. Die Schlucht ist daher denkbar problematisch. Sie einfach ohne Weg zu queren wäre keine gute Idee. Mitunter geht es recht steil hinab und aufgrund des dichten Waldes kann ich den Aufstieg auf der anderen Seite sehr schwer einschätzen. Da laut Karte kein Wanderweg durch die Schlucht führt, bleibt mir nur eine Option. Die Schlucht zu umgehen.
Dies kann ich am Gipfel machen oder eben im Tal. Ich entscheide mich für den Gipfel. Ich habe den Berg zwar gestern schon einmal überwandert, aber bis ins Tal zu gehen ist keine gute Alternative. Ich müsste alles wieder rauf und würde unnötig Zeitdruck bekommen. Zudem ist das Wetter heute bedeutend besser, weshalb der Gipfel auch ganz reizvoll ist.
Ich werde also über den Berg zurück gehen und mir dann eine geeignete Stelle zum Schlafen suchen. Morgen gehe ich dann in jenes Gebiet, in welchem ich gestartet bin. Dort bewandere ich noch 2 kleinere Gipfel und werde danach durch das Tal in das andere Gebirge gehen.

und wieder auf den Gipfel
Nach einem reichlichen Frühstück und einer kurzen Nacht starte ich 10:30 Uhr meine Wanderung. Ich merke langsam, dass mehr Schlaf echt nicht nötig ist. Ich fühle mich fit und munter, trotz der unruhigen Nächte. Der Gipfel ist mit 2 Stunden ausgeschrieben.

Es ist ganz anders, wenn man einen Weg geht, welchen man einen Tag vorher bereits bewandert ist. Er kommt mir dadurch sehr weit vor. Ich weiß über die einzelnen Etappen genau bescheid. Da ist diese lange Passage über die Wiese. Danach geht es durch den Wald und dabei recht steil Berg auf. Das ist der unbequemste Teil. Nach der Baumgrenze erwarten mich seichte Hügel mit kleinen Schmelzwasserseen. Zum Schluss geht es einen steinigen Kamm hinauf Richtung Gipfel. Also wenn man die Wahl hat, dann sollten immer unbekannte Wege gewählt werden.
Ich komme sehr gut voran. Die Sonne scheint noch immer recht stark. Das Wetter motiviert mich. Nebenbei esse ich viel Heidelbeerkraut. Ich freue mich schon auf die Waldpassage, da es dort sehr viel Klee gibt. Diese leckere Pflanze ist echt ein Motivator.

die Psyche
Ich habe es schon die letzten Tage gemerkt, dass ich früh immer voller Antrieb bin. Dies stellte sich dann aber mehr oder weniger schnell ein. Heute ist es besonders stark. Meine Motivation ist gerade am Boden. Jeden Tag das Gleiche und keine Hilfe. Alles einpacken, Nahrung suchen, auf der Karte orientieren, alles schleppen und einen Lagerplatz finden. Ich fühle mich genervt von Allem und weder mein neues Ziel, noch die Sonne oder der leckere Klee können daran etwas ändern. Überall nur Berge, Tannen, Wald, Insekten und Wanderwege. Es ist gerade nicht einfach. Keiner der einmal intensiver mit mir spricht. Keiner der mir einfach etwas abnimmt oder mich mit etwas überrascht. Es ist ein trostloses empfinden. Aber ich muss weiter. Es kommen auch wieder bessere Phasen. Ich wusste, dass es nicht immer einfach sein wird. Das war klar. Ich ziehe einfach weiter durch.

endlich oben
Ich bin etwas überrascht, dass ich den Weg schneller geschafft habe, als auf den Schildern beschrieben. Laut Ausweisung ist eine Wanderzeit von 2 Stunden vorgesehen. Trotz Gepäck habe ich nur 1,5 Stunden benötigt. Vielleicht lag das an meiner depressiven Phase. Ich dachte nur und lief und lief und lief. Zumindest ein kleiner Achtungserfolg, da ich anfangs den ausgewiesenen Zeiten immer hinterher hing.
Oben am Gipfel enttäuscht mich die Sonne nicht. Der Himmel ist blau mit nur wenigen Wolken. Erschöpft setze ich mich hin und schaue einfach. Mein Gemüt ist noch immer leicht am Boden. Aber ich blicke nach vorn.
Es kommt ein Pärchen auf den Gipfel. Sie machen eine Wanderung von Alm zu Alm. Wir führen ein nettes Gespräch, was ungefähr eine halbe Stunde geht. Das baut irgendwie total auf. Einfach mal ein netter Kontakt und eine detailliertere Unterhaltung als nur das Grüßen. Es tut echt gut. Auf einmal verspüre ich auch wieder etwas Stolz auf das, was ich hier mache. Dieser Stolz gibt mir positive Energie und Antrieb. Ich fühle mich besser. Der Mann des Pärchens packt dann einen Knacker (Wurst) aus. Der Geruch in meiner Nase ist herrlich. Die ganzen Tage nur Grünzeug und als einziges Fleisch Schnecken und wenige Raupen. Jetzt dieser Geruch. Ich genieße ihn. Seltsamerweise ist es nicht quälend oder so ähnlich. So wie ich Schokolade beim Essen genieße, so konnte ich den Geruch genießen. Es hat mir gereicht.

weiter zum Abstieg
Runter wähle ich eine andere Route. Wie beim Aufstieg erkannt ist das motivierender. Ich gehe recht langsam, damit ich die Sonne noch genießen kann, bevor ich wieder im Schatten des Waldes laufe. Nebenbei gibt es Heidelbeerkraut. Was anderes Essbares gibt es hier leider nicht.

Der Abstieg zeigt sich etwas tückisch. An irgendeiner Stelle bin ich vom Weg abgekommen. Das drückt gleich wieder auf meine Motivation. Es ist spürbar. Negative Einflüsse sind in dieser Phase folgenschwerer als in glücklichen Zeiten. Ich bin ziemlich anfällig und auch reizbar. Ich spüre etwas Wut auf den Weg und die Karte. Gut ist aber, dass es Berg ab geht. Daher entschließe ich mich auch den Wald gerade runter zu gehen, da ich irgendwann einen größeren Weg kreuzen muss. Egal an welcher Stelle genau ich bin, dieser Weg führt weiter unten quer entlang. Gehe ich gerade runter, dann treffe ich auf ihn.
Es ist weiter als ich anhand der Karte vermutet habe. Wahrscheinlich komme ich quer durch den Wald so langsam voran, dass ich einfach länger unterwegs bin. Dadurch kommt es mir weiter vor. Ich halte an der Gewissheit fest, dass ich definitiv auf diesen Weg kommen muss. So sehr kann ich mich unmöglich verlaufen haben, dass ich wo ganz anders bin. Nach einer Weile treffe ich schließlich auf den Weg. Ich bin erleichtert.

Und das Essen?
Aufgrund des Verlaufens habe ich wieder das Essen vergessen. Das muss ich nun nachholen. Hier wächst besonders saftiges Gras. Ich ziehe viele Stängel heraus und esse die weißen Ansätze. Sie sind fruchtig im Geschmack und eiweißhaltig. Schnecken entdecke ich leider nicht. Ich versuche meinen Fokus auch mal Richtung Insekten zu lenken. Denn was mache ich, wenn ich mal längere Zeit keine Schnecken finde? Ich finde einige Käfer und etwas Fluggetier. Aber ich bin ehrlich, zum Essen reicht das niemals. Die wiegen zusammen vielleicht 10 Gramm. Mittlerweile bin ich der Meinung, dass es einen enormen Aufwand impliziert, wenn man sich sättigend von Insekten ernähren will. Das schafft man kaum, wenn man dazu noch eine Wegstrecke zurücklegen will. Sicherlich sind diese eine gute Ergänzung nebenher. Aber mehr auch nicht. Oder mir fehlt die Erfahrung

diese Tiere in größeren Mengen zu entdecken. Aber selbst Grashüpfer, wenn man diese mal fängt, sind klein und rar.
Das Thema Insekten werde ich intensivieren wenn ich wieder zu Hause bin. Hier spezialisiere ich mich weiterhin auf Pflanzen und Schnecken. Da es immer wieder regnen wird, werde ich auch immer wieder Schnecken finden können. Davon gehe ich jetzt einfach mal aus.

Der Zeltplatz
Aufgrund meines latenten psychischen Tiefs habe ich beschlossen, dass das wichtigste Kriterium des heutigen Schlafplatzes die Aussicht ist. Und zwar die Aussicht auf den Talort. Auch wenn ich mehrere Kilometer weg bin, so glaube ich wird es mir gut tun, wenn ich in der Ferne die Beleuchtung einer Ortschaft sehe. Vielleicht höre ich sogar Geräusche der Zivilisation. Die Kirchenglocke, Autos, eine Hupe oder so etwas. Vielleicht wird mir das gut tun.
Ich komme an einen Fluss und fülle gleich meinen Trinksack und den Wassersack wieder auf. Mit Wasser habe ich ganz gute Abläufe entwickelt, sodass ich keine Probleme bekomme. Der Trinksack wird früh immer gefüllt und der zusätzliche Wassersack hat fast 2 Liter drin. Falls ich wirklich mal nix finde, als Reserve. Die 2 Liter an Zusatzgewicht stören mich nicht.

der Abend und die Motivation
Die beiden Aufstiege sind schon recht anstrengend und schweißtreibend gewesen. Darum gehe ich nach dem Aufbau des Zeltes an einen Fluss zum Waschen. Das tut mir ganz gut. Es ist 17:00 Uhr. Jetzt spüre ich das heutige Tief erneut. Ich bin etwas lustlos. Da kommt mir ein Gedanke.
Für den Aufenthalt im Wald habe ich mir ein Zugeständnis gemacht. Um meinen Körper mit ungesättigten Fetten zu verpflegen nahm ich mir Nüsse mit. Davon so viel, dass ich täglich 100 Gramm Essen kann. Effektiv sind dies 60 Gramm

ungesättigte Fette. Sie sind sehr wichtig für die Gesundheit. Die tägliche Ration von 100 Gramm nahm ich nicht zu mir. Es war wie schon erwähnt nicht nötig. Nichts desto trotz habe ich die Nüsse da. Es handelt sich um natürliche Nüsse, welche in keinster Weise mit Geschmacksstoffen zugesetzt sind.
Aufgrund meines Tiefs gönne ich mir heute die 100 Gramm. Ich lege mich ins Zelt und esse die Nüsse. Es schmeckt echt toll. Körperlich brauchte ich diese nicht, aber psychisch. So dachte ich zumindest.

Essen zum Wohlfühlen
Ich erkenne jedoch schnell, dass dies nicht zum Wohlbefinden beiträgt. Sicherlich ist es in dem Moment ein Genuss. Aber bereits kurz danach ist dieses Wohltun bereits verflogen. Es ist eine sehr kurzsichtige Form der psychischen Befriedigung. Das lang anhaltende Glücksgefühl trifft nicht ein. Eine interessante Erfahrung, welche auch auf das Leben in der Zivilisation zutrifft. Essen als Weg zum glücklich sein kann nicht funktionieren.
Nachdem ich die 100 Gramm Nüsse gegessen habe lege ich mich wieder hin, mit meinen Gedanken und mit mir alleine. Den Ort im Tal höre ich leider nicht, aber ich weiß dass er da ist. Die Bäume versperren mir leider die Sicht, aber er ist da unten. Das gibt mir ein beruhigendes Gefühl.

Der Tag klingt aus.
Ich gehe nochmal nach draußen und esse etwas. Ich finde viel Klee und Gras. Mein Platz ist wieder etwas schief. Aber damit habe ich mich bereits abgefunden. Mir fehlte heute auch der Antrieb etwas Besseres zu finden. Seltsam ist es schon. Wenn man etwas down ist, dann lässt man auch anderes schleifen, was ja eigentlich nur noch mehr dazu führt, dass man sich nicht glücklich fühlt. Auf diese Weise verliert man schnell seinen Antrieb. Aber daran denke ich jetzt nicht weiter. Ich esse noch ein wenig und werde dann so 19:00 Uhr im Zelt verschwinden.

6. Tag: Dienstag der 17.06.2014

Sternenhimmel

Es ist 2:00 Uhr in der Nacht. Ich schaue aus dem Zelt und sehe, dass der Himmel wolkenlos ist. Ich nutze die Gunst der Stunde und gehe raus, damit ich diesen Anblick genießen kann. Es ist unvergleichbar. In der Freizeit schaue ich mit meinem Teleskop gern in die Sterne. Der Himmel ist jedoch mit diesem hier nicht zu vergleichen. Da es im Umfeld keine Lichtquellen (Lichtverschmutzung) gibt, sind so viel mehr Sterne zu sehen. Diesen Anblick kann man kaum beschreiben. Der Verlauf der Milchstraße ist erkennbar und man sieht hin und wieder eine Sternschnuppe. Der ganze Himmel scheint erleuchtet zu sein. Es gibt kaum dunkle Flecken. Diesen Anblick sollte jeder Mensch einmal erlebt haben. Das Gesehene ist mit Worten nicht beschreibbar. Ich lasse den Anblick für eine gute halbe Stunde wirken. Dann gehe ich wieder zu Bett.

am Morgen

Der heutige Platz war einer der Schlechtesten, welche ich bis jetzt genutzt habe. Ich kann nicht genau sagen was daran so ungemütlich gewesen ist. Ob es mehr die schiefe Lage oder die Hügel im Boden gewesen sind. Jedenfalls erwachte ich 7:00 Uhr und konnte nicht mehr liegen bleiben. Glücklicherweise sind die Rückenschmerzen ausschließlich auf muskuläre Verspannungen zurück zu führen. Das hat den Vorteil, dass ich nach dem Aufstehen und etwas rumlaufen sofort wieder schmerzfrei bin.

Ich spüre jedoch etwas die Ermüdung in der Rückenmuskulatur. Immerhin schleppe ich schon seit 5 Tagen zwischen 25 und 30 kg durch das Gebirge. Das zerrt an den Kräften. Zumal es keine Phase der Regeneration gibt. Es ist einfach ungewohnt für den Körper. Beim heimischen Training erhält eine belastete Muskelgruppe immer mindestens 3 Tage Ruhephase. Hier in der

Wildnis ist das nicht so. Da gibt es jeden Tag Belastung. Mal mehr und mal weniger anstrengend.
Ich werde mir heute früh Zeit lassen. Es reicht wenn ich 11:00 Uhr los laufe. Nach 5 Stunden Marschzeit ist es dann erst 16:00 Uhr. Also immer noch sehr früh. Nach den letzten 2 Tagen intensiverer Belastung ist das mal ganz gut.
Zum Frühstück gibt es heute nur heißes Wasser mit Heidelbeerkraut und Gras. Der Geschmack ist recht speziell, aber Hauptsache ich führe meinem Körper Nährstoffe und Mineralien zu. Das warme Wasser gibt zudem Energie und puscht etwas auf. So zumindest mein Empfinden. Der tägliche Ingwertee fehlt natürlich ebenfalls nicht. Ich lasse mir Zeit beim Zusammenräumen. Ich schaue mir etwas die Umgebung an und finde auch noch Klee. Natürlich esse ich ihn. Ich fühle mich recht gut und motiviert. Ich freue mich sehr darauf, dass ich in das alte Gebiet zurück kehre, in welchem ich schon geschlafen habe. Es ist seltsam. Aber nur weil ich da schon gewesen bin fühle ich mich etwas heimisch und verbunden. Ich spüre deutlich das Verlangen nach einem zu Hause in mir. Das merkt man daran besonders. Eine vertraute Umgebung sorgt für Wohlbefinden.

keine Karte ist perfekt
Meine Route ist klar und ich stufe diese eher mittelmäßig ein. Viele Höhenmeter gibt es nicht zu überwinden. Das Wetter ist heute recht sonnig. Ich laufe einen gut ausgebauten Weg am Hang entlang. Dieser geht zu Beginn Berg auf und bleibt dann auf dieser Höhe. Von diesem Weg geht dann in ca. 2 km ein Wanderweg direkt links runter durch den Wald. Dieser führt auf einen weiteren Weg im Tal und am Bach entlang. Wenn ich dort ankomme, dann habe ich schon die Hälfte geschafft.
Ich lasse mir Zeit und esse nebenher Löwenzahn. Schnecken finde ich leider nicht. Aber mittlerweile sehe ich das gelassen. Mit dem Essen komme ich super klar und ich weiß, dass sich heute oder die nächsten Tage etwas ergeben wird.

Irgendwann schaue ich wieder auf meine Karte und vermisse den Wanderweg, welcher den Hang hinab auf den Weg in der Schlucht führen soll. Eigentlich hätte er schon kommen sollen. Ich folge meinem Weg noch etwas und versuche durch die dichten Bäume den Weg in der Schlucht zu sehen, leider vergebens. Auf einmal staune ich nicht schlecht. Mein ausgebauter Weg endet in einer Sackgasse. Oh nein! Ich gehe zurück und schaue genau an den Wegesrand, ob hier ein eventuell verwachsener Weg hinab führt. Jedoch entdecke ich nix und leider gibt es auch kein Schild. Ich könnte quer durch den Wald in die Schlucht gehen. Ich müsste zwangsläufig meinen Weg kreuzen. Aber es besteht auch die Möglichkeit, dass ich mich verlaufen habe. Es wäre fatal, wenn ich dann auf diese Weise noch mehr die Orientierung verliere. Ich beschließe den ganzen Weg zurück zu gehen und einen Anderen zu nehmen.
Der andere Weg ist jedoch viel länger. Er führt fast bis ins Tal und von da aus in die Schlucht. Weiterhin gibt es dann einen konstanten Anstieg bis zu einer Kreuzung, welche ich so oder so zum Ziel habe. Aber naja. Entweder dieser Weg oder ich durchquere diesen dichten unwegsamen Wald. Mit dem Gepäck und der Unsicherheit, ob denn das queren erfolgreich wäre, gehe ich den langen Weg.

Jetzt ist es eine große Wanderung!
Die anfänglich mittelmäßige Tour hat sich nun natürlich zu einer größeren ausgeweitet. Es sind nicht nur insgesamt 4 km mehr, sondern auch 500 Höhenmeter zusätzlich. Das bedeutet, dass ich etwas zügiger unterwegs sein muss. Es ist seltsam. Eigentlich habe ich das Zelt und kann nächtigen wo ich will. Ich muss mir also keinen Stress machen. Aber ich habe den inneren Zwang an einem Ort zu sein, welchen ich mir vornehme. Gerade wenn es einer ist, an welchem ich schon übernachtet habe. Vielleicht baue ich schon einen Bezug mit einem Ziel auf, wenn ich mir dieses heraussuche? Erreiche ich es dann nicht, dann führt dies zu

negativen Gedanken. Ich ziehe es nicht einmal in Erwägung noch einen Zwischenstopp zu machen. Obwohl ich doch die Freiheit habe sein zu können wo ich möchte. Ich nutze diese nur bedingt. Ich habe jetzt endlich eine Kreuzung erreicht, bei welcher ich auf die lange Route abbiegen kann. An dieser Stelle habe ich mich vor 2 Stunden entschlossen den anderen Weg zu nehmen. Jetzt mache ich es so und hoffe, dass es richtig ist. Mit zügigem Schritt geht es Richtung Tal. Ich hoffe etwas auf Schnecken. Ich habe beobachtet, dass ich mehr finde wenn ich in tieferen Regionen bin. Das ist heute der Fall. Mal sehen ob ich Glück habe.
Unten im Tal muss ich mich konzentrieren. Es gibt hier einige Wege und ich will kein zweites Mal umkehren. Ich komme an einer Alm vorbei und dann auf den Weg, welcher durch die Schlucht führt. Ein wenig bin ich durch diesen anderen Weg geprägt. Ich habe etwas Angst davor, dass dieser auch wieder einfach endet. Aber endlich sehe ich eine Beschilderung mit jenem Ziel, welches mir vorschwebt.
Der Anstieg der Schlucht ist beschwerlich. Immer wieder muss ich Pausen machen. Auch die Sonne scheint recht stark und fordert mich. Heute ist es mir fast zu viel damit. Der Wald und die Windstille in dieser Schlucht zehren zusätzlich an den Kräften. Durch das starke Schwitzen dazu fühle ich mich Unwohl. Es wäre weniger schlimm, wenn ich wüste, dass ich später eine Gelegenheit zum Baden finde.

die Ungewissheit
Aber ich weiß nicht ob ich baden kann. Ich weiß auch nicht ob ich eine gute Stelle finde. Ich weiß auch nicht ob ich etwas Gutes zum Essen habe. Ich weiß nicht einmal wie das Wetter werden soll. Ob ich in der nächsten Stunde zwangsweise mein Zelt aufschlagen muss und es den Rest vom Tag regnet. Diese Unwissenheit ist etwas, was an den Nerven zehrt. Im Alltag haben wir einen festen Ablauf. Wir kommen nach Hause und es gibt Essen. Wir haben ein Bett und planen was wir unternehmen.

Diese Planung und Erwartung gibt Sicherheit. Natürlich kann auch mal was Unerwartetes dazwischen kommen. Aber das ist eher die Seltenheit.
Dieses Unerwartete ist hier jedoch die Regel. Ich kann nicht sagen was kommt. Ich weiß, dass es dunkel wird. Aber es gibt so viele Variablen, welche mich beeinflussen. Regen, Hunger, Orientierung, Bodenbeschaffenheit – das sind die Dinge, welche mein Leben hier leiten. Zu Hause merke ich davon nichts. Da ist alles stabil. Ich merke zum ersten Mal wie luxuriös und angenehm ein kalkulierbarer Alltag ist. Hier ist die Freiheit, nach welcher es mich ursprünglich gezogen hat. Aber diese Freiheit sorgt auch für Unsicherheit, mit welcher man erst einmal umgehen lernen muss.

nicht mehr weit
Mittlerweile habe ich die Schlucht überwunden. Jetzt geht es zwar noch etwas Berg auf, aber ich bin bereits im letzten Drittel meiner Tour. Der Anstieg ist sehr gleichmäßig auf einem gut ausgebauten Weg. Nicht denken sondern einfach laufen. Ein Bein vor das andere und auf den Boden schauen. So zieht sich dieser letzte Kraftakt hin. Ich mache regelmäßige Pausen. Vorzugsweise da, wo es zu Essen gibt. Löwenzahn pflücke ich hier viel. Auch Brenneseln sind einige zu finden. Jetzt habe ich ein Blatt zu hastig gegessen und die Blätter haben mir in die Zunge gestochen. Das ist echt unangenehm. Ich muss immer darauf achten die Blätter ganz eng zu rollen und dabei stark zu drücken. Lieber etwas Reizung an den Fingern als im Mund.
Ich habe mir auf der Karte eine gute Stelle rausgesucht. Gleich neben dem Weg geht es steil rauf und dann wird es sehr eben. Das ist ideal. Vom Blickwinkel von unten kaum einsehbar und ein größeres ebenes Gebiet. Da find ich sicher eine gute Stelle zum Schlafen.

die Qual der Wahl

Am Ziel angekommen fülle ich erst einmal meine Wasserreserven auf. Ich nehme im Wassersack gleich 5 Liter mit. Heute werde ich sicher noch viel trinken, da ich durch die Sonne stark geschwitzt habe und merke wie ausgetrocknet ich bin. Der Hang direkt am Weg ist wirklich steil. Es ist ganz schön fordernd nach diesem Tag dort rauf zu klettern. Das Gewicht auf dem Rücken zieht mich immer wieder runter. Oben angekommen sehe ich ein Gebiet, welches nur einen leichten Anstieg hat. Es gibt einige Stellen, welche für ein Zelt passend sein könnten. Genauer betrachtet gibt es jedoch überall etwas auszusetzen. Aber es bieten sich viel mehr Alternativen, als an den vergangenen Stellen. Ich bin zuversichtlich eine richtige Wahl zu treffen.
Nach langer Überlegung habe ich eine Stelle gefunden. Sie ist leicht keilförmig zur Mitte hin. Jedoch ist der Untergrund recht weich und die Ausrichtung eben. Ich denke hier wird es eine gute Nacht werden.

ein schöner Abend

Nachdem das Zelt nun steht gehe ich zu einem Bach, der nicht weit weg gelegen ist. Diesen habe ich bereits auf der Karte gesehen. Dort wasche ich mich und bade meine Füße im Wasser. Das ist ein wahrer Segen. Ich genieße die Frische des Wassers. Nach dem Waschen suche ich mir eine Stelle, auf welcher ich mich etwas sonnen kann. Da ist ein Baum, welcher ideal zum anlehnen ist. Ich schaue genau in die Abendsonne. Nur in Unterhosen sitze ich über eine Stunde dort und genieße.
So richtig abschalten geht hier jedoch auch nicht. Immer wieder kommen Mücken, Käfer oder andere laut summende Tiere, die ein Abschalten verhindern. Zwar bin ich mittlerweile recht entspannt geworden was das angeht. Mich stören auch keine Insekten mehr, wenn sie auf mir rumgrabbeln. Aber stechende Tiere (Bremsen, Mücken, Wespen) nehmen mir doch immer wieder die Ruhe. Ich genieße es allerdings dennoch.

Essen gibt es Ingwertee und viel Gras. Vorzugsweise wieder die weißen Stängel davon. Ich nehme mir ca. 2 Stunden Zeit dafür. Zusätzlich esse ich noch 100g Nüsse. Zwar ist es nicht erforderlich, aber ich will die angefangene Packung aufbrauchen.
Ich fühle mich erschöpft. Nicht weit von mir, ungefähr einen Kilometer, ist eine Almhütte. Wenn ich runter auf den Weg gehe, dann würde ich direkt zu dieser Hütte gelangen. Da ich mich zum Abend hin etwas einsam fühle, freue ich mich darüber. Auch wenn ich sie nicht sehe, so weiß ich, dass dort Menschen sind. Ich merke wie mir die Nähe von Menschen fehlt und suche mir daher Plätze, welche nicht zu abgeschieden sind. Ich fühle mich sehr wohl an diesem Platz. Ein Bach, eine Almhütte, ebener Boden, eine Liegefläche zum Sonnen, verschiedene Nahrungsmittel und der Waldboden ist trocken, weswegen am Zelt weniger Ungeziefer ist. Ich denke und hoffe, dass ich heut gut schlafen werde.

7. Tag: Mittwoch der 18.06.2014

ein schöner Tag
Es ist 8:30 Uhr und ich stehe auf. Ich schlief nicht ganz so schlecht wie die Nächte zuvor, aber ich habe mehr erwartet. Der Platz war trotz der reichhaltigen Auswahl doch nicht so optimal. Mir fiel beim Aufbau die seitliche Neigung kaum auf. Aber gerade diese hat meine Nacht empfindlich gestört. Dafür hatte ich jedoch ein schönes Gefühl, da der Ort aus irgendeinem Grund Geborgenheit ausstrahlte.
Heute ist der Himmel strahlend blau. Ich sehe keine einzige Wolke. Ich werde mich daher beeilen und möglichst schnell starten. Anstatt mir erst Wasser für Gras Und Kraut zu kochen esse ich einfach Nüsse. Diesen schönen Morgen möchte ich gern in der Sonne genießen. Meinen Tee trinke ich aber noch und dann packe ich sogleich zusammen. Gestern passierte ich eine kleine

Wiese, welche sich zum sonnen recht gut eignet. Zu dieser werde ich gehen.
Nach ein paar Minuten erreiche ich die Stelle bereits. Ich breite meine Plane aus und lege mich drauf. Endlich einfach mal ein Sonnenbad. Die Wasserreserven habe ich zuvor noch schnell aufgefüllt, sodass ich unbeschwert die Wärme genießen kann. Es dauert nicht lange bis wieder Bremsen, Fliegen und Wespen die Ruhe stören. Ich versuche entspannt zu bleiben, aber das ist nicht immer einfach. Vor allem dann nicht, wenn die Tiere ins Gesicht fliegen. Ich bin halt mitten in der Natur und mit den Kleinsttieren um mich herum eine kleine Einheit. Damit muss ich mich abfinden.

Wegplanung
Während des Sonnenbades schaue ich mir auf der Karte an wo es sinnvoll ist die folgende Nacht zu verbringen. Ziel wird ein guter Startpunkt sein, damit ich morgen in das Nachbargebirge wandern kann. Hierzu muss ich bis ins Tal und durch einen Ort. Danach werde ich mindesten 700 Höhenmeter wieder hoch müssen.
Heute wird es also eher entspannt. Die Entfernung liegt bei Luflinie 5 km. Zu Fuß sind es ungefähr 8 km. An Höhenmetern muss ich zwar ein paar überwinden, das hält sich jedoch in Grenzen. Ich kann den Tag also entspannt angehen.

Nüsse und ihre Folgen
Wenn ich die letzten 6 Tage zurück sehe, dann stelle ich mit Erfreuen fest, dass ich mit der Verdauung keine Probleme hatte. Die radikale Veränderung der Ernährung und der Umstände, sowie die naturbelassenen Lebensmittel, hätten auch zu Darmproblemen führen können. Ich habe sogar damit gerechnet. Auch wenn die naturbelassene Ernährung als gesund gilt, so ist jede Veränderung für den Körper Stress. Er muss sich anpassen,

was nicht immer reibungslos von statten geht. Bis jetzt war alles optimal verlaufen.
Jedoch merke ich langsam, so 2 Stunden nach den Nüssen, dass es meinem Bauch nicht so gut geht. Ich bekomme leichten Durchfall. Das Problem dabei ist die Psyche. Vor Beginn meiner Reise war mir klar, dass ich das einmal kriegen werde. Es ist vollkommen logisch und auch nicht dramatisch. Es ist auch nicht schlimm. Und jeder, der eine Zeit in der Natur verbringt, der muss davon ausgehen, dass er auch mal was mit dem Magen hat. Das ist in Ordnung. Jetzt in der Situation wird man jedoch leicht zum Hypochonder. Der Fokus liegt auf der Magengegend. Schnell rede ich mir ein, wie mich das stört und dass es mich schwächen könnte. Gleichzeitig hoffe ich, dass es nicht schlimmer wird. Auf einmal denke ich nur noch daran. Obwohl ich im Alltag gar nicht so bin, neige ich hier in der Wildnis total dazu. Das ist ein Fehler. Sicher sollte man auf seinen Körper hören. Aber man darf manche Zeichen nicht überbewerten.
Auf einmal fallen mir die Nüsse ein. Diese bestehen zu 60 % aus Fett. Auch wenn es ungesättigte (gute) Fette sind, so bilden diese gerade auf nüchternem Magen eine Art Schmierstoff. Ich habe zum Frühstück nix weiter gegessen, was diesen Effekt noch begünstigt. Es ist schon ironisch, dass das einzige, was ich mir aus der Zivilisation mitgenommen habe, zu Problemen in der Verdauung führt. Ich werde die Nüsse daher jetzt nicht mehr essen. Zumindest nicht auf nüchternem Magen.
Jedenfalls drückt das auf mein Gemüt und ich fühle mich etwas geschwächt. Sehr interessant wie schnell sich dies auf den Gesamtzustand auswirkt.

auf geht es
Es hilft jedoch nichts, ich werde jetzt starten. Ich lasse mir aber richtig Zeit beim laufen. Ich esse Brenneseln, Löwenzahn und Gänseblümchen. Auf einmal entdecke ich eine Schnecke. Eine kleinere mit Haus. Natürlich denke ich sofort an eine Mahlzeit.

Ich schaue genauer hin und sehe noch mehr. Phantastisch! Ich beginne zu sammeln. Ich laufe sehr langsam, da ich genau den Wegrand absuche, damit meine Ausbeute möglichst groß ist. Ich finde immer mehr. Ich werde sogar etwas wählerisch, sodass ich die kleinen Exemplare gar nicht erst mitnehme. Diese aus dem Haus zu fummeln ist sehr mühsam und lohnt kaum.

Die Sonne scheint weiter und die kleinen Schnecken muss ich einfach nur von den großen Blättern der Pflanzen sammeln. Es kommen kleine Wegabschnitte wo es keine gibt und dann wieder mehr.

Langsam finde ich immer weniger und fokussiere mich wieder auf das Wandern. Ich habe in 1,5 Stunden gerade einmal 2 km zurück gelegt. Etwas schneller muss ich schon werden.

eine seltsame Entscheidung

Das Wandern klappt gut und der Weg führt seit einiger Zeit leicht Berg auf. Das ist ok, denn zuvor ging es auch etwas Berg ab. Es läuft sich entspannt. Die Sonne scheint weiterhin und ich kann meine Pausen immer in deren Schein machen. Das tut mir ganz gut.

Nach ungefähr 2/3 des heutigen Gesamtweges stelle ich fest, dass mir das erreichte Gebiet aus irgendeinem Grund nicht zusagt. Ich weiß ehrlich gesagt überhaupt nicht warum. Der Wald ist der gleiche, die Sonne scheint und ich habe über 30 Schnecken gefunden.

Aber irgendwie ist alles so fremd. Es klingt banal und nicht nachvollziehbar. Dieses befremdliche Gefühl macht mich stutzig. Wenn ich genauer darüber nachdenke, so glaube ich, dass mir eine vertraute Umgebung fehlt. Gestern ging ich zum ersten Mal in ein Gebiet zurück, welches ich schon einmal durchwandert habe. Ich fühlte mich geborgen. Diese Entscheidung hat irgendetwas in mir geweckt. Das Verlangen nach vertrauter Umgebung. So schätze ich das zumindest ein. Dieses Gebiet ist neu, also fremd. Das gestrige Gebiet war dies nicht. Die

Erfahrung, dass ich ein bereits bekanntes Gebiet aufsuchen kann hat mich etwas eingeschränkt. Eingeschränkt in der Hinsicht, dass ich Verlangen nach etwas heimischen entwickelt habe. Darum zieht es mich dahin zurück.
Ich beschließe meinem Wunsch nachzugeben und erneut in dem Gebiet zu nächtigen. Warum auch nicht? Schließlich ist es gerade die Freiheit, tun zu können wonach mir der Sinn steht, welche ich in dem Urlaub erfahren möchte. Den Überstieg in das andere Gebirge werde ich später machen. Vielleicht aus dem Tal aus dem ich gekommen bin. Ich werde mir das heute Abend oder morgen überlegen.

der Rückweg
Nun nachdem die Entscheidung gefallen ist, fühle ich mich sehr glücklich. Den ganzen Tag, auch bedingt durch den Durchfall, fühlte ich mich etwas down. Aber die Entscheidung wieder zurück zu kehren gab mir ein Empfinden der Freude. Ich schaue weiter nach Schnecken, da ich die schneckenreichen Gebiete erneut durchgehe. Ich laufe recht zügig und werde mal schauen, dass ich eine etwas bessere Stelle zum schlafen finde. Die Sonne strahlt mir weiter ins Gesicht und ich bin sehr motiviert.
Zum ersten Mal weiß ich, dass mich was Gutes erwartet. Eine gute Auswahl an Schlafplätzen und viel leckeres Grünzeug. Außerdem habe ich viele Schnecken und ein größerer Bach befindet sich auch am Zielort. Vielleicht ist es auch die Sicherheit, welche ich durch diese Umstände erhalte, die mich so glücklich macht. Die Ungewissheit der letzten Tage ist für heute ein Stück weit beseitigt.
Ich finde nebenher noch ein paar Exemplare, sodass ich auf insgesamt 40 Schnecken komme. Endlich wieder Fleisch!

wieder da
Wieder am Ziel angekommen suche ich mir einen besseren Platz. Ich schaue mir das Gebiet genau an. Nachdem ich eine Stelle

gefunden habe, gehe ich zum Fluss. Ich erfrische mich etwas und hole Wasser. Ich freue mich hier zu sein. Vom ersten Eindruck her steht mein Zelt gerade und ich bin zuversichtlich, dass es diese Nacht besser wird.
Gleich nach der Errichtung des Lagers mache ich mich an die Zubereitung der Schnecken. Erst einmal alle 40 kochen. Danach beginnt der eigentliche Aufwand. Da das kleinere Exemplare sind, ist das entfernen aus dem Gehäuse und der Innereien recht mühsam. Eine knappe Stunde benötige ich für alle Schnecken. Das Fleisch koche ich dann wie gewohnt erneut durch.
Endlich kann ich die Schnecken genießen. Ich esse sie langsam und jede einzeln. Ich möchte möglichst lange etwas von dem Fleisch haben. Dabei scheint mir die Sonne etwas in den Nacken. Ein wirklich herrliches Gefühl. Das Problem mit dem Magen scheint auch gelöst zu sein. Gut, dass es wirklich nur die Nüsse gewesen sind.

das Ende des Tages
Nach den Schnecken esse ich noch etwas Grünzeug. Als ich nun zur Ruhe komme, fühle ich die Belastung sehr. Es ist eine Kombination aus der psychischen Belastung und der körperlichen Schwäche. Dadurch, dass ich mit manchen psychischen Dingen umgehen muss, fühlt sich auch mein Körper schlapp. Gerade die Einsamkeit, das Gefühl ohne festes zu Hause zu sein und die tägliche Unbeständigkeit fordern ihren Tribut im körperlichen Zustand. Ich denke es war sehr gut, dass ich heute meinem Willen nachgab und zu dieser Stelle zurück ging.
Ich gehe noch etwas die Umgebung ab. Manchmal fahren Leute mit dem Rad diesen Weg entlang. Ich höre sie dann entfernt reden. So etwas genieße ich. Es ist 19:00 Uhr, als ich mich hinlege und den Tag ausklingen lasse. Ich schlafe zwar noch lange nicht, aber das liegen tut einfach gut.

8. Tag: Donnerstag der 19.06.2014

der beste Platz
Mein Erwachen ist geprägt von Elan. Heute sind die Rückenschmerzen fast nicht vorhanden und ich habe gut gelegen. Insgesamt habe ich zwar auch nicht länger als 5 Stunden geschlafen, aber ich fühle mich sehr wohl. An den wenigen Schlaf, mit einigen Unterbrechungen dazu, habe ich mich mittlerweile gewöhnt.
Auch ist der Durchfall weg, weshalb ich einen körperlichen Auftrieb habe. Ich fühle mich heute Morgen so voller Energie und Tatendrang wie vor meiner Reise. Zum Frühstück mache ich mir Heidelbeerkraut mit gekochtem Wasser. Dazu gibt es Gänseblumen, Klee und etwas Gras. Ich habe mir etwas Zeit gelassen und das sonnige Aufstehen genossen.
Mein Tagesziel wird heute jenes Tal sein, in welchem ich gestartet bin. Dazu muss ich über einen Kamm, welcher 200 Höhenmeter über mir liegt, und dann in das Tal herabsteigen. Welches Ziel ich dann von da aus anpeile werde ich heute Abend sehen. Jedenfalls ist es ein Gebiet, in welchem ich schon einmal gewesen bin. Auch wenn die Stelle, welche ich heute anpeile, eine noch unbekannte ist, so bin ich in deren Umfeld bereits gewesen. Und das weckt ein heimatliches Gefühl. Ich genieße noch etwas diesen Platz, denn er ist wirklich gut, und breche dann auf.

der Weg, ein Gespräch, die Planänderung
Ich komme gut voran. Ich halte während des Wanderns Ausschau nach Schnecken, kann aber keine entdecken. Der Weg führt quer durch den Wald und ist etwas steinig und nicht so leicht begehbar. Aber mittlerweile habe ich mich derart gut an mein Gepäck gewöhnt, dass es mich kaum noch stört. Zumindest durchschnittliche Tagestouren schaffe ich recht souverän. Natürlich immer mal mit kleinen Pausen, aber es geht vorwärts.

Unterwegs gibt es Brennesseln, Löwenzahn und Gänseblumen. Ich fühle mich gesättigt und gut genährt. Wasser habe ich auch noch insgesamt 5 Liter mit.
Nach ungefähr 1,5 Stunden habe ich den Kamm passiert. Hier ist es besonders unwegsam. Außerdem ist die Beschilderung nicht so eindeutig, was Aufmerksamkeit erfordert. Einige 100 Meter talabwärts treffe ich auf 2 Radfahrer. Ich komme mit diesen ins Gespräch. Wir tauschen einige Informationen aus und ich erzähle auch von meinem Projekt. Dazu muss ich erwähnen, dass das freie Zelten im Alpengebiet theoretisch nicht ohne Weiteres möglich ist. Zumindest in Nationalparkgegenden ist es, auch mit Verbotsschildern, untersagt. Das restliche Alpengebiet ist da eher Grauzone. Übrigens auch ein Grund dafür, dass ich mich in diesem Buch mit Orts- und Gebietsbenennungen zurück halte. Jedenfalls haben beide gesagt, dass es wohl nicht so streng wäre. Solange ich kein offenes Feuer mache und meinen Platz sauber halte interessiert dies Niemanden. Latent scheint mich diese Sorge mehr beschäftigt zu haben als ich vermutet habe. Denn nach dem Gespräch fühle ich mich unglaublich erleichtert und sehr glücklich.
Ursache hierfür ist einmal die entspannte Haltung gegenüber dem wilden Zelten. Und natürlich das nette Gespräch. Ein positives Gespräch mit einer angenehmen Person kann für einen großen Auftrieb sorgen. Ich fühle mich zufrieden und glücklich. Wir unterhalten uns ungefähr 20 Minuten.
Dieses positive Gefühl löst in mir eine merkwürdige Entscheidung aus. Ich beschließe nämlich wieder zurück zu der Stelle zu gehen, an welcher ich diese Nacht geschlafen habe. Warum mich das Erlebnis dazu bewegt, darüber kann ich nur spekulieren. Jedenfalls macht mich diese Entscheidung auch sehr zuversichtlich. Endlich einmal in diesem Urlaub weiß ich, dass ich einen guten Schlafplatz haben werde. Dass ich einen größeren Bach bei mir habe und einiges an Essensauswahl. Vielleicht ist es das Verlangen nach Glücksgefühlen, welches die Radfahrer

auslösten. Denn der Entschluss macht mich, so wie die Unterhaltung, sehr glücklich.

ein Auf und Ab
Nach ungefähr 30 Minuten erfahr ich wieder eine depressive Phase. Es ist sehr krass wie schnell dies umschwingt. Heute Früh und bis vor gerade eben fühlte ich mich einfach gut. Dann kommt ein negativer Gedanke. Ich weiß nicht genau was es ausgelöst hat. Vielleicht sogar die Tatsache, dass ich wieder zurück gehe? Oder es war ein anderer Gedanke. Jedenfalls bin ich gerade recht fertig mit der Psyche. Ich muss dann wieder alles aufbauen. Wieder das Essen suchen und heute Nacht wieder andauernd wach werden. Ich esse nur irgendwelches Kraut und habe kaum die Möglichkeit der Entspannung. Am Himmel ziehen auch schon wieder Wolken auf.
Diese Schwankung von Freude und Leid ist echt belastend. Ich habe noch keine richtige Methode gefunden wie ich mich selber aus so einem psychischen Loch befreie. Essen, spontane und positive Entscheidungen und irgendwelche Durchhalteparolen sind immer nur von kurzer Dauer. Motivation ist das Hauptproblem, welches ich hier sehe. Ein motivierter Mensch ist zu viel mehr fähig und genießt die Zeit besser. Es macht Spaß motiviert zu sein!

wieder zurück
Der Weg zurück verläuft ereignislos. Ein paar Pausen unterwegs und schon bin ich wieder an der besagten Stelle.
Es ist 17:00 Uhr und es beginnt auch noch zu regnen. Ich baue schnell mein Zelt auf, damit ich alles darin verstauen kann. Das ist jetzt natürlich die Krönung der Demotivation. Noch so früh am Abend und es regnet, dass ich mich nicht draußen aufhalten will. Das Zelt ist sehr klein und für einen längeren Aufenthalt denkbar ungeeignet. Aber es ändert nichts. Ich muss den Regen im Zelt abwarten.

Jetzt fällt mir einmal mehr auf, dass ich eine Aufgabe benötige. Was zu lesen habe ich, bis auf 2 Sachbücher, nicht mitgenommen und meine Ernährung ist gut organisiert. Die Ruhe, zu welcher ich jetzt komme, ist nicht so gut. Sie lässt mich nachdenken und mein zu Hause vermissen. Ich denke an meine Familie, Freunde, Partnerin und die anderen alltäglichen Beschäftigungen, welche mir Spaß machen. Mitunter fühlte ich mich im Alltag von der einen oder anderen Sache genervt. Jetzt merke ich erst einmal wie es ohne wäre.

der Abend
Die Sonne kommt noch einmal raus und der Regen hat endgültig aufgehört. Ich gehe noch einmal für eine halbe Stunde an die eine Stelle, wo ich mich sonnen kann. Ich versuche etwas Motivation durch die Sonnenstrahlen zu tanken. Nebenbei gibt es Gras. Hier ist es besonders fruchtig. Sicherlich weil es hier irgendwie feuchter ist. Auf feuchtem Boden finde ich sowieso immer das ergiebigere Gras.
Ich gehe noch etwas durch die Gegend. Ich beobachte gern den Weg weiter vorn. Auf dem steilen Hang sieht man mich nicht so leicht. Es gehen sowieso wenige Menschen da lang. Aber ich bin gern in dessen Nähe und schaue einfach drauf. Ich bin bestimmt eine halbe Stunde dort, bevor ich mich in mein Zelt zurück ziehe. Mittlerweile ist es 19:30 Uhr und ich lege mich ins Bett. Im Ganzen war es ein ereignisloser Tag. Heute hatte ich die besonderen Erfahrungen mit meiner Psyche. Erst die Freude und dann die Niedergeschlagenheit. Dies bereits nach 8 Tagen. Ich bin gespannt was mich noch erwartet.

9. Tag: Freitag der 20.06.2014

Frühstück und Planung
Gegen 8:00 Uhr stehe ich auf. Zum Frühstück gibt es wieder Heidelbeerkraut, Gras und Maiwuchs. Der Wechsel in das andere Gebirge ist noch immer mein Ziel. Heute werde ich daher erneut über den Kamm in das Tal wandern, in welchem ich gestartet bin. Dort werde ich mir dann eine gute Ausgangsposition suchen, damit ich von da aus morgen runter in den Talort gehen kann. Diesen werde ich durchqueren um auf der anderen Seite in das Gebirge zu gehen. Es ist wichtig, dass ich in das andere Gebirge gehe. Wenn mein Trip nächste Woche Donnerstag zu Ende ist, werde ich in eine Pension gehen. Diese liegt am Fuße des anderen Gebirges. Ich muss also von da aus starten, da der Weg von meinem jetzigen Gebiet aus viel zu weit ist. Es sind nun nur noch 7 Tage. Ein Ende ist in Sicht und ich empfinde Stolz, dass es bis hierher so toll geklappt hat.
Mein Weg ist heute gar nicht so weit. Es geht erst 200 Höhenmeter rauf und dann ungefähr 300-400 Höhenmeter runter. Ich kann es also ganz entspannt angehen. Daher lasse ich mir wie gewohnt Zeit und starte so gegen 10:30 Uhr.

der Weg zum Tagesziel
Das Wetter ist heute nicht so gut. Es regnet die ganze Zeit. Zwar nicht so stark, aber genug, dass ich meinen Poncho überziehen muss. Natürlich denke ich dabei gleich an die Schnecken. Bei diesem Wetter werde ich sicherlich einige finden. Ich halte die Augen auf. Bis zum Kamm habe ich allerdings keine einzige Schnecke entdecken können. Das ist echt seltsam. Nebenbei esse ich etwas Löwenzahn und Brennesseln.
Der Weg zum Kamm ist zwar nicht sonderlich weit, aber recht beschwerlich zu gehen. Durch die Nässe ist es sehr glatt und der Boden ist recht aufgeweicht. Das macht es viel anstrengender. Die nassen Gräser streifen an meiner Hose, weshalb diese trotz

Poncho durchnässt ist. Aber es ist nicht kalt. Die Bewegung und Anstrengung heizt den Körper auf.
Ich komme gute durch und erreiche mein Tagesziel bereits gegen 13:00 Uhr.

Ein neues Ziel
So zeitig schon am Ziel. Leider habe ich keine Schnecken entdecken können. Ich überlege ob ich wirklich hier bleibe oder aber heute bereits den Talort durchquere. Bis dahin sind es nur noch 600 Höhenmeter von hier aus. Das wäre ganz gut zu machen. Jedoch muss ich bedenken, dass ich den Talort durchlaufen muss und auf der anderen Seite wieder mindestens 600 Höhenmeter rauf zu gehen habe. Schließlich kann ich nicht unten in oder neben dem Ort zelten. Ich überlege hin und her.
Ich werde weiter gehen und heute das Tal passieren. Was soll ich schon 13:00 Uhr an der neuen Stelle? Es regnet, was bedeutet, dass ich ins Zelt müsste. Vielleicht finde ich beim weiteren talwärts Gehen noch einige Schnecken. Ich muss einfach nur etwas zügig laufen, damit ich die Zeit wieder rein hohle.

der Abstieg
Der Regen wird stärker und ich gehe zügig den Berg hinab. Ich halte Ausschau nach Schnecken, habe aber bis jetzt erst ein Exemplar entdeckt. Da ich mich jetzt etwas ran halten muss, vernachlässige ich etwas das Essen. Aber ich fühle mich auch gesättigt, weshalb dies gerade zweitrangig ist.
Das schnelle Gehen abwärts lässt meinen Nacken etwas verkrampfen. Immer wieder spüre ich ein Ziehen im Rücken. Das ist recht unangenehm, aber da muss ich durch. Ich fülle nochmals mein Wasser auf. Das Tragen vom Poncho lässt mich stark schwitzen, weshalb ich viel Wasser verliere.
Der gut ausgebaute Weg verläuft in Serpentinen Richtung Tal. Diese scheinen kein Ende zu nehmen. Es zieht sich sehr lange hin. Kurzzeitig lässt der Regen kurz nach. Das hält aber nicht

lange an. Überall sind Nebelschwarten und dieser konstante Regen. Er ist mal schwach und mal stärker. Alle Berge um mich herum sind in tief liegende weiße Wolken gehüllt. Es ist ein demotivierender Anblick.

Essen

Endlich im Tal angekommen. Nahrung habe ich noch immer nicht weiter gefunden. Die eine Schnecke lasse ich wieder frei. Das bringt nichts. Der Abstieg war sehr kraftraubend. Die Nässe zehrt an Moral und Ausdauer. Jetzt im Tal wird mir erst richtig klar was es bedeutet, dass ich auch wieder einige Höhenmeter rauf muss. Es ist 14:30 Uhr.
Ich sehe einen Supermarkt. Ich bin einerseits sehr stolz darauf, dass ich mich bis jetzt komplett aus der Natur ernährt habe. Ich habe nicht mit Hunger oder Verdauungsproblemen kämpfen müssen. Auch war ich immer bei Kräften und habe konsequent durchgehalten. Aber heute ist so ein Tag, der außergewöhnlich ist. Zum einen der konstante Regen. Dann finde ich nichts Tierisches zum Essen und ich habe noch eine sehr hohe Anstrengung vor mir. Ich gönne mir in dem Supermarkt ein Brötchen und zwei Würste. Ich tue dies, weil ich mich belohnen möchte. Die Moral ist durch den Regen und dem Nichtfinden von Schnecken sehr betrübt. Ich brauche etwas an Energie, da der Tag heute klimatisch und körperlich einiges fordert.
Das Essen macht mich zwar satt, aber der moralische Aufschwung bleibt weg. Essen ist keine adäquate psychische Befriedigung. Das merke ich heute nach den Nüssen schon das zweite Mal. Körperlich ist es richtig gewesen. Das steht außer Frage. Aber psychisch war es vollkommen unnötig. Einzig gut daran ist die Gewissheit, dass ich jetzt viel Energie aufgenommen habe, was mir Kraft für den Marsch gibt.

Ein Irrweg
Auf der Karte ist der Weg hoch ins neue Gebirge zu erkennen. Ich laufe 3 km durch den Ort, um dann den entsprechenden Wanderweg rauf in die Berge zu nehmen. Doch dies entpuppt sich als unlösbare Aufgabe. Ich finde keinen Weg hinauf in die Wälder. Entweder sind die Straßen parallel zum Fuß des Berges. Oder aber sie machen eine Kurve und führen wieder ins Tal. Ich finde keinen Pfad in die Berge. Es ist wie verhext. Nebenbei regnet es wieder stärker und ich treffe auch keine Menschen. Der Regen lenkt mich auch etwas von der Wegfindung ab. Es ist sehr demotivierend, wenn man den richtigen Weg nicht beschreitet.
Auf einmal entdecke ich einen guten Pfad, der in die richtige Richtung führt. Ich folge diesem für 200 m. Jetzt stehe ich auf einem kleinen Golfplatz. Dieser ist ärgerlicherweise nicht auf der Karte verzeichnet. Das hat mir den Rest gegeben.

eine Entscheidung
Es ist mittlerweile 15:30 Uhr. Es wird Zeit wieder einen Aufstieg zu finden. Schließlich muss ich hoch in die Berge zum zelten. Ich habe jetzt die Wahl weiter zu suchen oder in mein altes Tal zurück zu gehen. Die Rückkehr erscheint in erster Linie als etwas unnötig. Aber dort weiß ich um die Beschaffenheit der Umgebung. Wenn ich jetzt weiter gehe und in 2 oder 3 Stunden feststelle, dass das Gebiet denkbar ungeeignet ist, dann habe ich ein Problem. Ich beschließe darum wieder zurück zu gehen.

los geht's
Der Rückweg verlangt natürlich, dass ich nochmals durch den ganzen Ort gehe. Ich gehe mit schnellem Schritt den Fluss im Tal entlang. Knapp 3 km muss ich jetzt zurück legen. Dann gilt es den Aufstieg zu bewältigen. Heute wird es später als sonst werden. Es ist gut, dass ich etwas Energiereiches gegessen habe. Denn heute Abend werde ich nicht mehr viel Zeit dafür haben.

Ich fühle die Verspannung im Rücken und wie meine Schuhe durchnässt sind. Der Regen dringt von oben über die Socken rein. Er weicht sie einfach durch.
Nach einer guten halben Stunde habe ich den Fuß des Berges erreicht, welchen ich nun wieder rauf gehe. Hier bin ich heute kurz nach Mittag auch abgestiegen. Der Regen ist jetzt allerdings noch stärker. Er schlägt von außen an meinen Poncho. Mein Shirt ist mittlerweile auch vollkommen durchgeweicht. Ich weiß nicht ob dies durch schwitzen oder durch den Regen ist. Aufgrund der Bewegung ist es aber nicht kalt. Nur wenn ich Pausen mache, was aufgrund der Erschöpfung absolut nötig ist, wird es frisch. Mein Wasser neigt sich auch langsam dem Ende. Ich habe heute bestimmt schon 5 Liter getrunken. An der nächsten Wasserstelle fülle ich auf.

ein harter Weg
Die Serpentinen erfordern viel Kraft. Der Regen macht meine Schuhe schwer und raubt jegliche Motivation. Tückisch dabei sind die Regenintervalle. Manchmal wird er ganz leicht. Man könnte meinen es hört auf. Doch nach paar Minuten zieht es wieder richtig an. Dann ist er wieder derart stark.
Ich sehe eine Wasserstelle. Es bringt alles nichts. Ich muss hier nachfüllen. Das bedeutet Poncho und Rucksack ausziehen und Wassersack rausholen. Der Regen fällt unaufhaltsam weiter auf mich und meine Sachen. Ich beachte ihn gar nicht mehr. Ich fülle mein Wasser auf, verpacke den Sack und setze alles wieder auf. Und ich muss weiter. Ein Bein vor das andere. Der Regen ist unbarmherzig. Dazu kommt ein unangenehmer Wind, welcher von vorn ins Gesicht zieht.

eine Entscheidung für die Motivation
Ich bin genervt und gereizt. Das hört nicht auf. Ich bin so fertig und der Regen macht einfach weiter. Es ist alles so undankbar und gnadenlos. Um meiner Moral Auftrieb zu geben beschließe

ich, dass ich erneut an meiner Lieblingsstelle zelte. Das bedeutet zwar, dass ich insgesamt 900 Höhenmeter(bis zum Kamm) rauf muss und danach wieder 200 Höhenmeter runter. Aber ich weiß, dass ich einen guten Platz haben werde. Ich weiß, dass ich mich da wohl fühle und was mich erwartet. Es ist mir egal wie anstrengend es wird. Aber diesen Luxus gönne ich mir. Kurzzeitig erfahre ich Freude und Zuversicht durch diese Entscheidung.

die Psyche
Der Auftrieb den ich erhalten habe, weil ich meine alte Stelle aufsuchen will, ist nun wieder verflogen. Der Regen ist jetzt konstant stark. Mein Körper nass, Teile des Rucksacks durchweicht und meine Kraft neigt sich dem Ende. Dazu kommt, dass es mittlerweile 18:00 Uhr ist und ich sicherlich noch 1,5 Stunden laufen muss. Diese 1,5 Stunden sind knapp bemessen, denn dafür muss ich zügig unterwegs sein.
So sehr am Ende wie heute bin ich lange nicht gewesen. Vor 500 Meter habe ich eine Alm passiert. Die Menschen dort sitzen im Trockenen. Sie unterhalten sich und haben es warm. Ich laufe hier durch den Dreck, bin nass und erschöpft. Ich will irgendwie Dampf ablassen. Meine Wut darüber raus lassen. Ich bin frustriert, weil ich nichts gegen den Regen machen kann. Ich bin genervt von der Erwartung mein Zelt im Nassen zu errichten. Genervt von dem Wissen, dass auch Teile im Rucksack nass sein werden. Ich fluche laut durch den Wald. Aber es wird niemand hören oder interessieren.
Ich komme an einen Punkt, an welchem ich mich einfach fallen lassen will. Einfach aufgeben, hinlegen und mir helfen lassen. Aber wer soll helfen? Wen würde das interessieren? Ich bin alleine! Keiner der mich lobt. Keiner der unterstützt und zuredet. Es gibt niemanden, der aus Respekt vor dem Geleisteten eine Überraschung vorbereitet. Trotz der Strapazen muss ich das Zelt aufbauen, Sachen trocknen und einen Platz finden. Möglichst

auch noch etwas essen. Das alles ist so undankbar. Mir kommen die Tränen. Die Verzweiflung drückt sie ins Gesicht oder etwas Selbstmittleid. Hätte ich nur den ursprünglichen Plan beibehalten. Ich hätte 13:00 Uhr mein Lager aufgeschlagen. Ok, ich hätte mich gelangweilt. Aber dem Regen wäre ich ausgewichen. Und morgen hätte ich sicherlich die Durchquerung des Tals geschafft, da ich mehr Zeit gehabt hätte.
Aber hätte ich das und das gemacht. Sowas bringt nichts. Es führt nur zu mehr Frust. Ich muss jetzt weiter. Positiv denken und einfach weiter. Bald habe ich es geschafft. Dann liege ich im Zelt, im Trockenen und kann schlafen.

endlich da
Ich bin auf dem großen Weg, welcher nach ein paar 100 Metern an jener Waldstelle rauskommt, bei welcher ich mein Lager aufschlage. Endlich hab ich es geschafft. Jetzt ist es nicht mehr weit und ich kann mich hinlegen. Ich passiere den Bach, an welchem ich vom Zelt aus Wasser hole. Ich steige den steilen Hang hinauf. Ich gehe durch den Wald und stelle meine Sachen ab. Endlich da – die Erlösung! Auf einmal höre ich Kuhglocken!?

Überall in den Alpen sind Kuhherden unterwegs zum grasen. Vorzugsweise halten diese sich auf Wiesen auf, da sie den ganzen Tag fressen. Aber sie sind auch nicht selten im Wald anzutreffen. Unterhalb und oberhalb meines Schlafplatzes sind Wiesen. Keine großen Wiesen, sondern eher verwilderte Grasflächen. Die Kühe scheinen gerade in dem Gebiet zu sein und wechseln von oben nach unten. Das kann nicht wahr sein! Gerade heute, wo ich so dringend einen Schlafplatz brauche, der mir gut tut.
Direkt neben Kühen zu liegen kommt für mich nicht in Frage. Es sind zwar keine Raubtiere, aber Respekt sollte man schon haben. Wenn diese neugierig auf mein Zelt zu gehen, da kann ich nichts machen. Die trampeln das einfach nieder. So kann ich erst recht nicht entspannt liegen.

Was nützt es. Ich nehme meine Sachen und ziehe davon. Ich versuche einen halben Kilometer weiter was zu finden. Ich bin noch immer vollkommen gefrustet.

Ein Schlafplatz
An den anderen Stellen ist recht schlechte Bodenbeschaffenheit. Außerdem ist der Wald sehr dicht bewachsen, weshalb es kaum freie Stellen gibt. Ich suche eine gute halbe Stunde lang. Dann schaue ich noch einmal an meine alte Stelle. Die Kühe werden sicherlich nicht im Wald stehen bleiben. Mittlerweile hat auch der Regen nachgelassen. Ich denke sie ziehen weiter zur nächsten Wiese. Ich schaue noch einmal.
Ich freue mich etwas, denn sie sind tatsächlich raus aus dem Wald. Sie stehen allerdings noch in der Nähe meines Zeltplatzes. Es sind ungefähr 150 Meter Entfernung. Logisch gesehen kommen die nicht zurück. Ich schlage einfach mein Zelt auf und schlafe hier.

der Tag klingt aus
Das Zelt steht und meine Sachen sind sortiert. Ich verstaue die Nassen in eine Tüte und versuche sie morgen zu trocknen. Es ist nicht so viel nass geworden wie ich dachte. Der Rucksack hat gut dicht gehalten. Es lohnt sich immer da mehr Geld zu investieren. Im Zelt lausche ich den Glocken der Kühe. Ich schaue hin und wieder wo sie sich nun aufhalten. Ob sie noch einmal zurück kommen.
Es ist mittlerweile 21:30 Uhr und ich versuche zu schlafen. Trotz der Anstrengung und Erschöpfung ist es, wie jede Nacht, nicht möglich schnell zu schlafen. Ich glaube 23:15 schaue ich zuletzt auf die Uhr.

10 Tag: Samstag der 21.06.2014

Aufstehen und Tagesplanung
Obwohl der gestrige Tag mir alles abverlangte schlief ich wieder recht kurz. Es hat sich eingepegelt, dass ich immer 0:00 Uhr rum für ungefähr eine Stunde wach bin. Trotz der Erschöpfung ist es diese Nacht nicht anders gewesen. Ich schlief auch nicht sonderlich lange. 8:00 Uhr bin ich wach und stehe auch kurz danach auf. Mein Verlangen nach Schlaf hält sich trotz Strapazen in engen Grenzen.
Vorgestern erfuhr ich von Wanderern etwas über das Wetter. laut deren Aussage sollte es gestern teilweise regnen und heute ganztägig. Da es gestern bereits derart stark gewesen ist und für mich absolut demotivierend, wird es heute sicherlich genauso intensiv. So zumindest mein Gedanke. Daher sieht mein heutiger Plan so aus, dass ich an dem Ort bleibe. Ich werde essen, entspannen und meinen kreativen Gedanken im Tagebuch freien Lauf lassen.
Der Himmel schaut auch stark nach Regen aus. Zwar ist es in der Frühe noch trocken, aber das hat nix zu bedeuten. Der Regen wird kommen und da möchte ich diesmal nicht unterwegs sein.
Zum Frühstück gibt es Heidelbeerkraut und Gras, gekocht. Dazu Klee und Ingwertee.

Ausrüstungspflege
Solange der Regen nicht beginnt werde ich meine Sachen trocknen. Es ist immer wichtig, dass die Ausrüstung im bestmöglichen Zustand und vor Allem getrocknet ist. Auch wenn die Sonne nicht scheint, so trocknet die Kleidung im Wind. Eine weitere gute Methode ist das Tragen am Körper. Wenn ein Kleidungsstück nur noch feucht ist dann hilft es, wenn man dieses anzieht und durch die Körperwärme trocknen lässt. Natürlich darf es dafür nicht zu kalt sein, da man sonst selber

auskühlt. Mit dieser Methode ist ein Baumwollshirt in knapp einer Stunde trocken!
Weiterhin ist der Rucksack wichtig. Diesen räume ich vollkommen aus und hänge ihn an einen Baum. Das dauert zwar erheblich länger, aber auch wenn er nicht ganz trocken wird, so ist selbst etwas Verlust der Feuchtigkeit sehr sinnvoll.
Man muss immer damit rechnen, dass es mal eine längere Zeit regnet. Daher ist es unbedingt nötig jede Chance zu nutzen, damit die Ausrüstung wieder den ursprünglichen Zustand erhält.

das Wetter
Mittlerweile ist es 12:00 Uhr und der Himmel ist weniger bewölkt. Bis jetzt hat es noch gar nicht geregnet. Hat sich die Wettervorhersage etwa geändert? In den Bergen ist das absolut üblich und Vorhersagen über 2 Tage sind nicht sehr zuverlässig. Ich überlege ob ich doch noch eine Wanderung starte. Aber ich bin da nicht wirklich ambitioniert. Neben der mitgenommenen Ausrüstung stecken auch die Anstrengungen in meinen Beinen. Die Erholung wird auch meinem Körper gut tun.
13:00 Uhr verziehen sich die Wolken immer mehr und die Sonne kommt zum Vorschein. Ich stelle Rucksack und Schuhe an einen sonnigen Platz. Ich denke ich kriege heute alles wieder trocken.

man sollte Beschäftigung haben
Gegessen habe ich und die Ausrüstung ist weitestgehend getrocknet. Es ist nun 14:00 Uhr. Jetzt setzt mal wieder ein psychisches Tief ein. Ich werde frühestens in 7 Stunden zu Bett gehen. Was mache ich nur? Ablenkung ist bei einer derartigen Tour sehr wichtig. Zu lange Zeiten zum Nachdenken belasten nur den Geist. Genau diese Zeit habe ich nun. Es ist seltsam. Zu Hause habe ich viele Möglichkeiten. Ich kann lesen, mich mit Naturwissenschaften beschäftigen, Rad fahren, Wandern, Klettern, Schwimmen oder anderen Dingen nachgehen. Die Motivation dafür hier in der Wildnis fehlt total. Das alles sind

Luxusbeschäftigungen, welche hier weit weg sind. Es erscheint abwegig sich darum zu bemühen.

faul sein
Im Alltag gönnt man sich auch einmal das Faul sein. Man bleibt mal auf der Couch und macht einfach nix. Das entspannt auch einmal. Nach den Anstrengungen der letzten Tage müsste ich hier genauso empfinden. Ich habe doch einen Tag Relaxen verdient. Aber es ist nicht so einfach möglich.
Gegen 15:00 Uhr lege ich mich in die Sonne und gönne mir meinen Müßiggang. Es dauert etwas, bis ich wirklich abschalten kann. Derartiges ist hier etwas ganz anderes als zu Hause. Ich denke die Anstrengungen und vielen Aufgaben in den ganzen letzten Tagen haben dafür gesorgt, dass ich von Grund her auf Hochtouren fahre. Ein Abschalten ist daher eine Frage der Zeit und funktioniert nicht sofort. Dies ist jedoch eine Fähigkeit, welche man sich aneignen sollte. In stressfreien Phasen entspannen. Das lernt man in der Wildnis.

das Ende des Tages
Heut ist wahrlich wenig passiert. Zum Abend hin regnet es doch noch einmal leicht. Das ist jedoch kein Vergleich zu gestern. Ich werde allerdings nie wieder von Anfang an festlegen, dass ich an einem Ort bleibe. Dann gehe ich lieber nur wenige Stunden und baue ein neues Lager auf, wenn es zu regnen beginnt. Aber das Warten ist wirklich eine Last.
Es ist 19:30 Uhr, als ich wieder Kuhglocken höre. Sie kommen aus der Richtung, in welche die Kühe gestern liefen. Ich gehe Richtung Weg und schaue zur Wiese. Die sind tatsächlich wieder da. Ob sie heute noch in den Wald kommen? Ich kann mir das ehrlich nicht vorstellen, denn sie haben dort auf der Wiese alles was sie brauchen. Ich gehe innerhalb von 1,5 Stunden fünf mal vor zu dem Weg, um zu schauen wo sie sind. Dann ist es 21:00 Uhr. Jetzt kann ich mein Lager sowieso nicht mehr wechseln.

Auch wenn die Kühe in den Wald gehen, so muss ich nun hier bleiben. So schnell finde ich keine neue Stelle. Ich hoffe einfach, dass sie dort unten übernachten. Was morgen früh sein wird, das bleibt abzuwarten. Eigentlich macht es keinen Sinn, dass sie durch den Wald wieder hoch zu der Wiese ziehen, da diese bereits abgegrast ist. Was soll das bringen? Ich bin recht zuversichtlich, dass sich unsere Wege nicht kreuzen werden.
Ich lege mich hin, lausche dem Wald und versuche zu schlafen. Es ist nicht nötig zu erwähnen, dass sich dies wieder hinzieht. 23:30 Uhr, so schätze ich, schlafe ich das erste Mal ein.

11. Tag: Sonntag der 22.06.2014

morgendliche Überraschung
Es ist 7:00 Uhr und ich höre die Glocken der Kühe. Sie scheinen recht nahe zu sein. Ich erschrecke und schaue aus dem Zelt. Tatsächlich, sie gehen wieder in dieses Waldgebiet. Meine Vermutung ist also falsch gewesen. Einige stehen ungefähr 10 Meter neben meinem Zelt. Das ist jetzt zwar kein Grund zur Panik, aber hier bleiben möchte ich nicht. Ich kann einfach nicht beruhigt im Zelt liegen, wenn diese Tiere so nahe neben mir sind. Dazu fehlen mir die Nähe zu und die Erfahrung mit Kühen.
Im Zelt packe ich meinen Rucksack vollständig ein. Es ist gar nicht so einfach dieses große Ding in so einem kleinen Zelt zu packen. Aber ich will die Aufmerksamkeit der Kühe nicht erregen, weshalb ich mich so bedeckt verhalte.
Ursprünglich war mein Plan heute einen Gipfel zu besteigen. Er liegt auf 1500 Höhenmetern und mein Lager ist auf knapp über 1000 Höhenmetern. Es ist also ein entspanntes Ziel. Danach wollte ich wieder in der Gegend bleiben.
Auf einmal kommt mir aber der Gedanke, dass dies quatsch ist. Den Gipfel habe ich in 2 Stunden erreicht. Stattdessen werde ich nach dem Gipfel eine erneute Startposition aufsuchen, damit ich

morgen in das andere Gebirge wechseln kann. Diesmal ist die Stelle eine andere, welche auf der Karte gut zu finden ist. Ich denke da klappt das auch.
Nachdem der Plan steht und die Sachen gepackt sind gehe ich aus dem Zelt raus. Dieses baue ich nur noch ab, packe es ein und starte. Die Kühe zeigen sich recht uninteressiert von mir. Aber naja, lieber etwas vorsichtiger sein. Essen werde ich an einer sonnigen Stelle. Heute ist der Himmel strahlendblau und es ist früh bereits sehr warm. Es wird ein wunderschöner Tag. Ich verliere keine Zeit, denn ich will lieber auf dem Gipfel etwas entspannter machen, damit ich dort das Wetter und die Aussicht genießen kann.

auf geht es zum Frühstück
Unten auf dem Weg geht es eine leichte Steigung Berg auf. Ich finde ein paar gute Plätze, aber diese zeigen alle nicht Richtung Sonne. Ich gehe weiter, schließlich soll es auch passen. Wenn ich nichts finde, dann frühstücke ich eben auf dem Gipfel. Ohne Essen in der Frühe würde ich mittlerweile sehr gut klar kommen.

Eine Stunde später, es ist jetzt 8:30 Uhr, finde ich einen tollen Platz. Viel Wiese, viel Sonne und ein kleiner Bach. Ich koche mir wieder einige Kräuter und meinen Ingwertee. Dazu gibt es die weißen Grasstängel. Eine Stunde lang genieße ich die Sonne und die Ruhe. Ein paar Insekten stören zwar immer wieder die Ruhe, aber damit kann ich mittlerweile umgehen.

zum Gipfel
Kurz vor 10:00 Uhr geht es Richtung Gipfel. Ich bin gut unterwegs und fühle mich wohl. Der Weg ist gut ausgebaut und führt erst im letzten Drittel quer durch den Wald. Hier sind überall Spuren von Kühen. Es ist beeindruckend wo diese überall durch das Gelände gehen.

Der restliche Marsch ist recht unspektakulär. Ich finde reichlich Maiwuchs, welchen ich esse. Es ist 11:00 Uhr und ich erreiche den Gipfel. Bei dem schönen Wetter bin ich hier natürlich nicht ganz alleine. Aber ich setze mich hin und genieße. Ein paar angenehme Gespräche mit den anderen Wanderern bleiben natürlich nicht aus. Das tut auch ganz gut.
Immer auffälliger werden die Käfer hier oben. Sie sind bunt und einen guten Zentimeter groß. Sie attackieren mich und die anderen Wanderer regelrecht. Das geht immer weiter so. Man muss sie richtig aus der Luft schlagen. Sie sind sehr robust und kommen immer wieder. Sie verhindern etwas die Erholung, da es nervig ist. Die habe ich sonst noch nie gesehen. Den anderen Wanderern sind sie aber bekannt. Auch diese werden penetriert.

Gegen Mittag verlasse ich nun den Gipfel und suche mir einen Schlafplatz, welcher morgen als Sprungbrett zum Nachbargebirge dient.

ein beschwerlicher Weg
Der Weg runter vom Gipfel ist zwar nicht so anstrengend, aber er staucht heut sehr in den Beinen. Ich lief diesen Urlaub oft Berg ab und da ging es immer. Heute ist es irgendwie anders. Aber es läuft auch nicht immer alles optimal. Das Wetter ist schön, ich bin gesättigt, ich habe ein Ziel und mich nicht verlaufen. Da schaue ich gern über etwas schmerzende Beine hinweg. Es gab ja schon Schlimmeres.
Nach ungefähr 2 Stunden geht es dann allmählich Berg auf. Nicht steil aber konstant. Die Sonne scheint sehr sehr intensiv. Normalerweise wird immer empfohlen nicht in der Mittagssonne zu gehen. Es wäre besser irgendwo im Schatten zu rasten und erst Nachmittag weiter zu ziehen. Aber Theorie und Praxis sind immer zwei verschiedene Dinge. Wenn ich hinten raus weniger Zeit habe, da kommt Druck beim Finden eines Lagerplatzes auf. Das kann ganz blöd enden. Da laufe ich lieber gemächlich in der

Mittagssonne und habe Ruhe für die restlichen Pflichten des Tages.
Da die letzten Tage etwas feucht gewesen sind gibt es gute Chancen auf Schnecken. Auch wenn es heute extrem warm ist, so sind diese an feuchten und schattigen Stellen noch immer zu finden. Ich entdecke insgesamt 17 Exemplare, welche ich mitnehme. Das ist gut, denn da gibt es noch einmal Fleisch, bevor ich morgen die Überquerung angehe.
Ich versuche so weit wie möglich zu kommen, damit ich morgen viel Zeit für die Durchquerung der Ortschaft, die Überquerung des großen Flusses im Tal und den Aufstieg habe. Das ist wichtig, denn es kann immer etwas Unvorhergesehenes passieren. Außerdem kann ich die Dauer schwer einschätzen. Sollte es morgen auch derart heiß werden, dann wird es auch besonders anstrengend.
Unterwegs fülle ich meine Wasserreserven auf. Die Sonne lässt mich viel schwitzen.

der Schlafplatz
Ich habe das Gefühl, dass ich mich im Laufe der Zeit immer kleinlicher und umständlicher verhalte, wenn es um meinen Schlafplatz geht. Meinen Ersten habe ich recht schnell gefunden. Auch der Zweite war ganz passabel. Dann wurde es schon länger. Jetzt, da ich noch mehrere Nächte an diesem besonderen Platz verbracht habe, stelle ich mich besonders penibel an. So ist zumindest mein Eindruck. Ich habe eine kleine Schlucht mit einem Fluss entdeckt, welche meinen Weg kreuzt. Der Boden ist nicht sonderlich steil. Aber ich finde nichts. Ich gehe ungefähr 70 Höhenmeter Berg auf und bin enttäuscht. Bedrückt gehe ich wieder den Hang hinab. Ich beginne meine alte Stelle, meine Heimat, zu vermissen. Ich bin sogar etwas gefrustet. „Es wird keine so tolle Stelle mehr geben", so denke ich. Eigentlich ist das unsinnig, aber ich krieg es auch nicht aus dem Kopf.

Ich suche 1,5 Stunden weiter, bis ich eine Stelle entdecke. Sie ist sogar mit Moos bedeckt. Trotzdem mag ich sie nicht so. Ich nehme sie nur, weil ich keine andere Wahl habe. Weiter gehen kann ich nicht, denn es kommen bald Häuser. Zurück gehen will ich nicht, denn morgen will ich keinen Stress haben.
Obwohl das Gebiet nicht sonderlich steil ist, so ist es schwer eine ebene Stelle zu entdecken. Viele kleine Kuhlen befinden sich hier. Aber keine hat einen ebenen Boden. Irgendwann entscheide ich mich dann für eine Stelle und baue mein Zelt auf. Es ist 16:00 Uhr.
Ich fühle mich hier nicht so geborgen. Das kommt sicherlich daher, dass das Gebiet fremd ist. Die Gewöhnung der letzten Nächte hat mich gleich viel sensibler gemacht. Es ist beeindruckend wie schnell ich mich von einem Ort, einem Gefühl, abhängig mache. Ich glaube ich würde jetzt jeden Ort kritisieren. Das ist dieses moralische Tief, welches mich wieder übermannt. Heute dreht es sich jedoch nicht um die Einsamkeit, sondern um den Ortswechsel.

der Abend
Nachdem alles steht mache ich mir meine Schnecken. Es sind zwar nicht so viele, aber ich werde satt. Ich genieße noch etwas die Aussicht und esse Klee. Hier wächst viel Klee.
Allmählich kommt wieder die Einsamkeit durch. Ich höre keinen Mensch. Es gibt keine Geräusche aus dem Talort. Der Hauptweg hier ist recht wenig begangen. Was würde ich nicht alles für ein paar Stimmen geben.
Ich beginne dem Wald zu lauschen und merke, dass die Geräusche hier ganz anders sind. Meine Stelle ist an der Nordspitze des Gebirges. Hier weht ein viel stärkerer Wind. Dadurch reibt das Holz der Tannen aneinander. Es ist ein anderer Wald, der viel Neues bringt. Da ist der Schlafplatz noch das wenigste.

Es ist 19:00 Uhr und ich lege mich ins Zelt. Ich höre lange den Klängen der Umgebung zu. Mir ist gar nicht bewusst, wie sehr ich mich an die Geräusche des Waldes gewöhnt habe. Diese neuen Eindrücke hier wirken alarmierend.
Letztendlich gewöhne ich mich aber auch daran und finde irgendwann meinen Schlaf. Ich freu mich auf die neue Aufgabe morgen. Ein paar Bedenken habe ich jedoch wegen dem heimischen Gefühl. Wenn ich schon beim Schlafplatzwechsel solche Empfindungen habe, wie wird es sein, wenn ich das Gebirge wechsel? Ich bin gespannt.

12. Tag: Montag der 23.06.2014

Aufstehen
Ich erinnere mich wieder daran wie es sich anfühlt, wenn der Boden nicht optimal ist. Ich lag in einer kleinen Senke. Ich rutschte zwar nicht in irgendeine Richtung, aber durch die Position habe ich starke Rückenschmerzen. Deshalb bleibe ich auch nicht lange liegen und stehe auf. Es gibt heute Gras, Heidelbeerkraut und Klee zum Frühstück. Den Klee esse ich kalt, da er so gut schmeckt. Gras und Heidelbeerkraut mache ich wieder warm, da ich es so besser essen kann.
Ich lasse mir etwas Zeit. Bis zum Tal sind es ungefähr 600 Höhenmeter. Das ist schnell gelaufen. Anstrengend wird der Aufstieg. Aber mehr als 3 bis 4 Stunden werde ich dafür auch nicht brauchen. Das Wetter ist heute sehr gut. Ein wolkenloser blauer Himmel. Einerseits tut das moralisch sehr gut, andererseits bedeutet dies jedoch einen besonders anstrengenden Marsch. Ich setze mich noch etwas in die Sonne, genieße die Stille und schaue einfach ins Tal. Ich bin motiviert und gespannt auf das neue Gebirge. Ich hoffe auch, dass ich das moralisch gut weckstecke, da ich, wie gestern gemerkt, einen persönlichen Bezug zu dem jetzigen Gebiet aufgebaut habe.

der Abstieg
Es ist ungefähr 10:00 Uhr und meine Ausrüstung ist startklar. Der Weg ist gut ausgebaut und führt in Serpentinen in das Tal. Er geht über den Nordosthang runter in die Ortschaft. Das bedeutet, dass ich die ganze Zeit in der prallen Sonne laufe. Ich schwitze extrem und brauche sehr viel Wasser. Andererseits tut es sehr gut die Pausen in der Sonne zu genießen. Ich lasse mir Zeit und mache viele Pausen.
Es ist 11:30 Uhr und ich bin im Tal angekommen. Die Sonne scheint durchweg. Es ist keine Wolke am Himmel.

durch das Tal
Natürlich ist hier wieder die Versuchung groß diverse Genussmittel zu konsumieren. Sei es etwas zu trinken, Süßigkeiten, etwas Alkoholisches oder der gleichen. Aber ich lasse mich nicht beirren. Ich bin gut genährt und bald habe ich es sowieso geschafft.
Mein Weg führt 2 km entlang des Talflusses. Es ist idyllisch hier. Ich setze mich oft an den Fluss, halte meine Füße ins Wasser und sonne mich. Essen finde ich hier unten jedoch kaum. Ich möchte auch ungern Pflanzen vom Wegrand essen. Hier sind mir zu viele Menschen unterwegs.
Es ist ein schönes Gefühl wieder in der Zivilisation zu verkehren. Ich schaue Richtung der Berge, in welchen ich die letzen 1,5 Wochen gewesen bin. Wenn ich mir vorstelle, dass dort jemand ist und im Zelt wohnt. Es ist ziemlich befremdlich. Aber ich habe es getan und es geht super. Dieser Kontrast der Zivilisation und des freien Lebens in der Natur ist ziemlich stark.
Ich gehe weiter und muss den Fluss überqueren. Diesmal finde ich alle Wege, so wie sie auf der Karte verzeichnet sind. Es gibt keine Zweifel.
Nach der Brücke entdecke ich eine Bank auf einer Wiese. Bis hier hin ging es schon 100 Höhenmeter wieder rauf. Der Weg war

nicht sehr schön, da ich auf der Straße gehen musste. Aber das ist ja zu erwarten gewesen. Aufgrund der Wärme hier im Tal zehrt das sehr an meinen Kräften. Ich ruhe mich über einer halbe Stunde auf der Bank aus. Ich lasse mich von der Sonne bräunen und entspanne.

der Aufstieg
Jetzt wird es ernst. Hier ist kaum Wald am Fuße des Berges. Dies bedeutet, dass ich direkt in der Sonne über die Freiflächen laufe. Ich fülle mein Wasser wieder auf. Bis jetzt habe ich schon über 4 Liter getrunken. Der Weg ist beschwerlich und langatmig. Es weht auch kein Wind, weshalb es besonders drückt.
Wenn ich in den Himmel blicke, dann sehe ich den Beginn von Federwolken. Man sagt, dass diese Regen ankündigen. Ob es in den Bergen auch so ist, das Wetterverhalten ist hier etwas anders, das weiß ich nicht. Aber zumindest impliziert dies Wolkenbildung und Regen. Ob nun hier oder paar Kilometer weiter, das werde ich sehen. Hier im Gebirge ist das Wetter sowieso derart unbeständig und kann sich auf kurzen Entfernungen stark unterscheiden.
Aber jetzt muss ich mich erst einmal auf den Aufstieg konzentrieren. Ich gleiche meine Position immer mit der Karte ab, damit ich mich keinesfalls verlaufe. Ich habe keine Lust wieder zurück zu gehen oder Höhenmeter umsonst zu bewältigen. Der gut ausgebaute Weg endet so langsam und es geht über einen richtigen Wanderweg weiter. Mit ein paar Wurzeln, steinig, steil und uneben läuft sich dieser ganz anders. Ich komme viel langsamer voran.

angekommen
Ich bin jetzt auf der Höhe angekommen, auf welcher ich auch sein wollte. Jetzt gilt es die Augen für ein Lager auf zu halten. Es ist 16:00 und eine gute Zeit dafür. Während meiner Suche komme ich an einen großen Fluss, welchen ich schon laut Karte

erwartet habe. Ich wasche mich da drinnen. Ich habe heute so sehr geschwitzt, dass mir dies total gut tut. Ich wasche auch meine Sachen. Da die Sonne scheint, werden diese sehr schnell wieder trocknen.
Ich ziehe meine Schuhe und Socken aus. Dann sehe ich auf einmal eine sehr große Blase am linken Großzehenballen. Sie ist bereits offen. Das ist ärgerlich. Ich glaube diese entstand, weil ich meine Füße nach dem waschen im Fluss heute Mittag, nicht richtig abgetrocknet habe. Ein großer Fehler. Gut, dass mir dies zum Ende hin geschehen ist und nicht gleich am ersten oder zweiten Tag. Das zeigt mir wieder, dass Füße unbedingt trocken zu halten sind. Aufgeweichte Haut ist sehr anfällig bei intensiven Belastungen.
Nach dem Waschen suche ich weiter. Jetzt tut mir die offene Blase auch weh. Es ist schon komisch mit der Psyche. Wenn man von einer Verletzung nix weiß, dann tut sie auch nicht weh. Aber kaum bin ich im Bilde, dann spüre ich sie auch.
Es erweist sich als große Herausforderung hier einen Schlafplatz zu finden. Mittlerweile bin ich schon 3 Hänge rauf gestiegen und musste immer weiter ziehen. Zumal gerade diese steilen Hänge besonders an der Blase weh tun.
Laut Karte wird das Gebiet, in welches ich jetzt komme, immer steiler. Für mich bedeutet das, dass hier noch weniger potenzielle Schlafplätze sind. Darum gehe ich zurück und schaue weiter vorn nochmals genauer. Notfalls gehe ich in eine andere Richtung und versuche da mein Glück. Es ist 17:00 Uhr und ich habe ja noch Zeit.

endlich einen Platz gefunden
Nach nun 2 Stunden habe ich eine Stelle gefunden. Sie ist nicht so besonders, aber von allen immer noch am besten. Ich werde hier bleiben, auch weil mir mein Fuß weh tut. Ich liege aber leicht schräg zur Seite weg. Ich weiß jetzt schon, dass die Nacht keine gute wird.

Heute esse ich Maiwuchs und Klee. Während der Suche nach einem Schlafplatz habe ich das Essen sehr vernachlässigt. Das hole ich jetzt nach. Der Himmel zieht sich langsam zu und in der Ferne sehe ich auch Gewitter. Nach dieser Hitze gestern und heute wird es sicherlich wieder mal richtig regnen. Mein Lagerplatz ist direkt neben einem kleinen Bach, welcher aber mal sehr viel größer war. Das erkenne ich am ausgewaschenen Flussbett daneben. Der hat da einiges aus dem Erdreich rausgerissen. Mir kommt jetzt der Gedanke, dass er bei Starkregen theoretisch wieder so ansteigen könnte und mein Zelt bedroht. Obwohl ich diese Angst gleichzeitig für etwas übertrieben halte, kann ich den Gedanken nicht ganz verwerfen. Aber ich werde meinen Platz so oder so nicht verlassen. Es beginnt schon langsam mit regnen und ich habe viel zu lange gesucht, als dass ich jetzt gleich was Neues finden würde. Ich weiß, dass meine Pension nicht mehr weit weg ist und ich noch 2 Nächte habe, bevor ich hin gehe. Mich stört der Regen nicht sonderlich. Ich hoffe nur, dass er morgen aufhört, damit ich noch diesen Gipfel hier bewältigen kann. Mit Regen und Wolken wäre das kein schönes Erlebnis.

Mir fällt ein großer morscher Baum auf, welcher genau in der Flucht zu meinem Zelt steht. Nicht dass heute ein solches Unwetter kommt, welches diesen Baum zum umfallen bringt. Mir scheint als sind die Sorgen um einen Unfall oder so etwas zum Ende des Urlaubs viel größer als zu Beginn. Eigenartig ist das irgendwie. Mir ist die ganze Zeit nix passiert und je länger ich da bin, desto größer ist die Sorge.

der Abend

Das Gewitter ist nun richtig angekommen und auch sehr stark. Es scheinen mehrere zu sein und es regnet extrem. Ich bin froh, dass ich in meinem Zelt bin und nicht noch eine Stelle suche. Manchmal denke ich an den morschen Baum und den Fluss hier bei mir. Aber was soll schon passieren. Etwas Warmes gibt es

heute leider nicht mehr. Es regnet sich richtig ein und ich muss jetzt nicht unbedingt da raus. Außerdem soll sich mein Fuß erholen. Diesen halte ich die ganze Zeit an die frische Luft und lasse ihn trocknen. Die Haut ist richtig aufgeweicht. So einen Fehler mache ich nicht noch einmal.
Es ist nun 19:30 Uhr und ich lege mich langsam hin. Die Schräglage versuche ich etwas mit meiner Ausrüstung zu begradigen, was aber nicht richtig geht. Naja. 2 Nächte noch. Das schaffe ich, auch wenn ich schlecht schlafe. So wenig Schlaf über diesen Zeitraum hatte ich nicht einmal beim Bund. Es gab keinen Tag, an welchem ich ausschlief. Es gab auch keine Nacht, in welcher ich durchschlief. Und es gab nie mehr als 5 Stunden Schlaf. Aber es geht trotzdem.

13. Tag: Dienstag der 24.06.2014

der Morgen
Es ist 8:00 Uhr und ich stehe auf. Meine Begradigung des Bodens hat überraschenderweise halbwegs gut gehalten. Was ich höre gefällt mir aber garnicht. Es regnet stark und gleichmäßig. Es war fast zu erwarten nach den letzten beiden sonnigen Tagen. Wenn ich aus dem Zelt schaue, dann sehe ich mein Umfeld in Nebel gehüllt. Die Wolken hängen so tief, dass ich bei 1200 Höhenmetern mitten drin bin. Es ist sehr bitter.
Ich mache mir jetzt erst einmal Ingwertee und esse etwas Klee. Aus dem Zelt gehe ich nicht. Ich kann jedoch am Eingang direkt kochen und etwas Grün aus dem Zelt heraus pflücken. Meine Angst mit dem Bach war unbegründet. Trotz des Regens in der ganzen Nacht ist der Bach nur ganz leicht gestiegen.
Ich sitze in meinem Zelt und hoffe, dass der Regen nachlässt. Zum Zeitvertreib mache ich einige Rechenspiele und lese in meinen Outdoorbüchern. Ich kenne sie zwar schon auswendig, aber so vertreibe ich etwas Zeit. es ist allerdings denkbar

ungemütlich. Ich kann nicht stehen und die Begradigung rutscht durch meine Bewegungen weg. Mittlerweile ist eine Stunde vergangen und der Nebel und Regen sind noch immer so stark.

die Planung
Heute wollte ich auf den Gipfel wandern und noch einmal die Aussicht genießen. Sie soll hier sehr schön sein. Aber das Wetter stößt diesen Plan um. Noch einmal laufe ich nicht in derartigem Regen. Zumindest nicht wenn ich es umgehen kann. Ich beschließe heute hier zu bleiben. Da gehe ich eben morgen auf den Gipfel. Danach kann ich dann Richtung Pension gehen, wo ich morgen in der Nähe übernachte.

Es ist belastend
Mittlerweile ist es 12:00 Uhr. Ich warte nun schon 3 Stunden in diesem Zelt. Das Wetter ist unverändert. Der Nebel lichtet sich zwar manchmal, jedoch zieht er dann sogleich wieder auf. Ich hoffe, dass der Regen nachlässt, denn ich könnte noch immer problemlos starten und würde den Gipfel schaffen. Es ist nicht sehr weit.
Ich merke langsam, dass ich heute unmöglich hier bleiben kann. Das macht mich wahnsinnig. Hier die ganze Zeit gebückt sitzen oder liegen. Das halte ich keine 10 Stunden bis heute Abend aus. Das macht auch keinen Spaß.
Ich rufe zu Hause an um mir das Wetter durchgeben zu lassen. Wenn ich erfahre, dass heute Nachmittag der Regen nachlässt, dann wäre alles gut. Ich könnte loslaufen und trockne meine Sachen heute Abend. Oder ich würde warten. Zumindest wäre klar, dass ich noch ein Stück laufen kann. Hier bleiben ist unmöglich eine Alternative. Mittlerweile macht mich das scheppern der Tropfen auf das Zelt immer wütender und es hört einfach nicht auf. Es regnet konstant richtig stark.
Meine Freundin informiert mich über das Wetter. Es wird denkbar schlecht. Heute und Morgen Regen. Starker Regen ohne

Unterbrechung. Das heißt heute Zelt und morgen nur Standortwechsel in Richtung Pension. Bei solch einem Wetter ist es absolut sinnfrei auf einen Gipfel zu gehen. Das ist deprimierend. Es ist nicht nur das fehlende Wandern, sondern auch, dass ich hier meinen Urlaub absitze.

eine Alternative
Mir kommt ein Gedanke. Was wäre, wenn ich heute schon in die Pension gehe? Geschafft habe ich immerhin 12 Nächte. Ich habe im Wald gelebt und mich von diesem ernährt. Ich habe einiges an Strecke geschafft und mich gesund und auf den Beinen gehalten. Körperlich geht es mir gut und die psychische Erfahrung dieser Tour ist schon jetzt aufschlussreich und interessant. Es wäre keine Schande wenn ich heute schon gehe. Zumal es keine Freude bringt 2 Tage durch den Regen zu gehen. Natürlich hatte ich dies schon mehrfach während des Urlaubs gehabt und gemeistert. Jedoch wusste ich zu diesen Zeiten, dass meine Tour noch eine Weile geht. In dem heutigen Fall ist sie sowieso bald beendet. Ich würde nur den Regen noch abwarten um danach in die Pension zu gehen.
Ich rufe in der Pension an und frage ob das Zimmer schon heute frei ist. Die Antwort: „Ja es ist sofort beziehbar."

Glücksgefühle
Ich antworte darauf: „OK, dann werde ich heute schon eintreffen.". Nach dem Auflegen bin ich so glücklich, wie ich es noch nie war. Zumindest kann ich mich nicht daran erinnern einmal solch eine Freude erlebt zu haben. Es ist unfassbar. Ich springe aus dem Zelt und stehe im Regen. Freudenschreie stoße ich aus. Ich komme in die Pension. In eine Unterkunft mit Bett. Ich habe ein Dach über dem Kopf und weiß erstmals in dem Urlaub, dass ich am Abend bequem liegen werde. Ich kann es nicht glauben. Die Freude lässt nicht nach. Es ist 13:00 Uhr und ich komme bald zurück in die Zivilisation!

Die größten Glücksgefühle entstehen, so habe ich den Eindruck, bei überraschenden Ereignissen. Eigentlich hätten es noch 2 Nächte hier draußen sein müssen. Aber die kurzfristige Entscheidung und das freie Zimmer sind eine plötzliche Veränderung, welche mich so glücklich macht.
Ich packe meinen Rucksack ein und freue mich immer weiter. Ich werde nass, aber das ist mir egal. Ich komme in eine Unterkunft. Ich lache den Regen aus und sag mir immer wieder: „Ich gehe in die Pension.". Bei diesem Satz habe ich ein so großes Lachen im Gesicht, dass mich jeder für verrückt halten würde. Nur ist hier weit und breit kein Mensch. Klar, wer geht heute auch in die Berge.

der Rückweg
Nachdem alles gepackt ist starte ich meinen Rückmarsch. Es regnet in Strömen aber ich lache und freue mich. Es ist nicht übertrieben wenn ich sage, dass ich 2 Stunden lang einfach nur lache. Ich kriege das nicht mehr aus meinem Gesicht raus. Dieses Lachen und die Freude. Ich bin so voller Glückshormone, dass ich mich verlaufe. Das kostet mich 200 Höhenmeter mehr an Weg, was ungefähr 3 km Fußmarsch zusätzlich sind. Aber das ist mir egal. Ich gehe einfach weiter. Ich renne sogar manche Strecken, weil mir das Glück und die Freude so viel Energie geben. Es ist sagenhaft.
Gerade heute entdecke ich unterwegs so viele Schnecken. Das wäre ein Festmahl geworden. Aber das ist mir egal. Ich werde heute einkaufen gehen und was richtiges Essen.
Ich laufe als erstes bis ins Tal runter und werde dann der Hauptstraße Richtung Pension folgen. Von da aus muss ich nach 2 Kilometern rechts abbiegen und einen Berg rauf gehen. Dort wird die Pension dann schließlich irgendwo sein.
Natürlich regnet es immer weiter und ich bin schon wieder vollkommen durch. Aber das stört mich nicht, denn bald bin ich in meinem Zimmer.

Der Anstieg ist noch einmal richtig fordernd. Aber es ist der letzte Anstieg mit diesen 25 kg auf dem Rücken. Den werde ich auch noch schaffen und das wenn möglich ohne Pause. Denn ich will einfach nur noch da sein.

endlich da

Es ist 15:30 Uhr und ich treffe auf dem Hof in der Pension ein. Die Inhaberin treffe ich auch gleich und sie zeigt mir das Zimmer. Es ist wundervoll. Erst einmal den Rucksack absetzen und das Zimmer anschauen. Ein Bad mit Dusche und ordentlichem WC. Eine Küche, wo ich mir was Schönes kochen kann. Diese Couch, auf der ich mich ausruhen kann. Und dann das riesige, weiche und komfortable Bett.
Ich kriege wieder die Freude ins Gesicht geschrieben und kann mein Grinsen nicht unterdrücken. Es ist einfach wundervoll.
Zu erst packe ich meine Sachen aus und trenne alles. Einiges muss trocknen und manches muss gewaschen werden. Ich habe sogar noch ein paar Sachen, welche vollkommen ungebraucht sind.
Danach genieße ich die Dusche. Einfach mal richtig waschen mit fließendem Wasser, welches von oben bis unten über den Körper fließt. Es ist ein tolles Gefühl.

Verpflegung und der Abend

Der heutige Tag muss natürlich mit richtigem Essen abgeschlossen werden. Der nächste Ort mit einem Supermarkt ist 7 km entfernt. Da der Bus nur aller 2 Stunden fährt, und ich ihn vor 15 Minuten verpasst habe, heißt es laufen. Es regnet noch immer, jedoch etwas leichter. Die 7 Kilometer stören mich überhaupt nicht, denn ich kann sie ohne das schwere Gepäck zurücklegen. Es ist ein wahrer Genuss so zu laufen. Ich gehe einfach die Hauptstraße lang und biege im nächsten Tal ab. Ganz einfach zu finden.

Der ganze Weg ist nicht einmal anstrengend oder irgendwie unangenehm. Ich bin getrieben von meinen Plänen was ich heute alles essen werde. Mich stören Regen und Entfernung überhaupt nicht. Allein schon das Wissen um die Unterkunft heute beruhigt mich und lässt alles durchstehen.

Im Geschäft angekommen kaufe ich Spaghetti, sehr viel Süßes, Wurst, Cola, Saft, Vanillepudding und Nutella. Obwohl ich mich gesund ernähre, werde ich mir dies heute und morgen gönnen. Ich habe es einfach verdient und möchte nur relaxen und „rumfressen".

Auf dem Rückweg erwische ich den Bus. Das ist ganz gut, denn mit den beiden Einkaufstüten wäre es schon anstrengend geworden. Jedoch nix im Vergleich zu den letzten Tagen. Aber so ist es einfach entspannter.

Wieder in der Pension sitze ich auf der Couch, esse Spaghetti, trinke eine Cola und freue mich über das was ich hier habe. Essen, ein Dach über dem Kopf, ein eigenes Reich und Sicherheit, dass ich heute Nacht ein schönes Bett habe. Was will ich mehr?

Warum das Alles?

Diese 2 Wochen fernab von Luxus und unseren alltäglichen Möglichkeiten haben eine ganze Reihe von Einsichten und Schlussfolgerungen gebracht. Gerade in den Bereichen der Ernährung, der Zufriedenheit, der eigenen Grenzen, der Gesellschaft in der Zivilisation, der Freiheit, die Gesundheit und des Glückes an sich erfuhr ich einige Einblicke, welche sehr wertvoll für das Leben sind. Grundlegend möchte ich sagen, dass der Mensch der westlichen Welt Unzufriedenheiten und Probleme aufwirft, welche oft absolut belanglos sind. Meistens bleiben Sinn und Ziel des eigenen Daseins, aufgrund dieser Tatsachen, auf der Strecke. In diesem Kapitel werde ich die einzelnen Sparten aufgreifen und grobe Schlussfolgerungen ziehen. Diese Schlussfolgerungen beziehen sich speziell auf meine Erfahrungen und sind nicht universell zu werten. Jedoch sind wir Menschen im Grundansatz recht ähnlich gepolt. Daher ist davon auszugehen, dass sie als Leser die folgenden Bewertungen teilweise auf sich projizieren können.

Freiheit
Der Begriff Freiheit ist ein Wort, welchen die Menschen häufig benutzen und auch ein Zustand, nach dem so mancher strebt. Im Alltag sind wir nicht wirklich frei, zumindest nicht derartig, wie wir Freiheit definieren. Wir müssen aufstehen, arbeiten gehen und haben allerlei Verpflichtungen. Man kann also nicht von Freiheit sprechen, da wir in einen System integriert sind, welches eine Gewisse Fügung erfordert. Es gibt dazwischen die Freizeit, welche uns oftmals als zu kurz vorkommt. Aufgrund privater Verpflichtungen und Organisationen wird diese Freizeit weiter eingeschränkt. Übrig bleibt, je nach Beruf und Umfang anderer Pflichten, ein gewisser und meist zu gering empfundener Rest.
Das ist nach meiner Meinung einer der Gründe, weshalb viele anstreben aus diesem System auszubrechen. Einfach etwas anderes zu machen und sein Leben selbst zu gestalten. Dies sind auch meine Intentionen gewesen bevor ich diesen Urlaub gemacht habe. Ich wollte einfach frei sein und eben nicht an die Kommunikationsmedien und den täglichen Abläufen ausgeliefert sein.
Während meines Urlaubs habe ich volle Freiheit genossen. Ich konnte hingehen wohin ich auch wollte, solange meine Kondition und Gesundheit mitspielten. Ich konnte bleiben und schlafen wo ich wollte, solange meine Anforderungen an den Platz halbwegs erfüllt gewesen sind. Es gab keinen Zeitplan im Alltag. Ich hatte nicht einmal die Pflicht einzukaufen. Ich aß wenn mir danach gewesen ist. Außerdem war ich vollkommen von Kompromissen losgelöst. Es zählte nur das was ich machen wollte. Ich musste

mich mit keiner anderen Person abstimmen. Ich bin für 14 Tage ein freier Mensch gewesen. Zumindest so „frei" wie ich es definiere.
Jedoch habe ich auch die Schattenseite der Freiheit kennengelernt. Das Recht auf volle Freiheit impliziert die Tatsache, dass es auch keinerlei Zuarbeiten durch andere Menschen gibt. Um alles musste ich mich kümmern. Schlafplatz, Ernährung, Wasser, Tourplanung, Wetterbeobachtung, Orientierung, körperliche Anstrengung, Lageraufbau und Wartung der Ausrüstung. Freiheit bringt also viele Pflichten mit sich. Ich habe erfahren, dass ich diese umfassende Freiheit größtenteils mit der Erfüllung meiner Grundbedürfnisse füllte. Einen Müßiggang, so wie er zu Hause möglich ist, konnte ich mir nur selten gönnen, obwohl ich den ganzen Tag frei gewesen bin.
Nach diesem Urlaub sehe ich das Streben nach Freiheit etwas anders. Wir können uns glücklich schätzen in einer Gesellschaft zu leben, in welcher Freiheit möglich ist. Wir haben Stabilität im Alltag und können auf einfache Art und Weise unsere Grundbedürfnisse erfüllen. Dadurch haben wir regelmäßig Phasen, in welchen wir nix zu tun haben. Hierbei liegt jedoch die Kunst diese Phasen zu nutzen. Leider wird diese Freizeit oft mit sinnlosen Dingen vergeudet. Ich empfehle hierzu unbedingt mein Buch: *„Das Fernsehen – Wirkung und Folgen für den Mensch und die Zivilisation."*.
Schlussendlich ist es eine Kunst die Freizeit zu organisieren. Ich denke auch in derartig angelegten Outdoorurlauben kann man die Freiheit erfahren. Jedoch ist hier mindestens genauso viel Zeit für den Erhalt des Lebensstandards erforderlich, wie es auch im Alltag durch Arbeit der Fall ist. Nur gehen wir im Alltag für Geld arbeiten und die Volkswirtschaft gibt uns Sicherheit, dass wir unsere Bedürfnisse nach Essen, Wohnung, Unterhaltung und sozialen Kontakten erfüllen können. In der Natur gehen wir zwar nicht für Geld arbeiten, wir sind also kein „Sklave der Wirtschaft". Allerdings haben wir auch nicht die Sicherheit, dass

wir trotz immensen Aufwands auch tatsächlich am Abend die Bedürfnisse gestillt bekommen. Es muss nicht sein, dass wir erfolgreich bei der Nahrungsbeschaffung sind. Es ist möglich, dass wir keinen optimalen Schlafplatz entdecken. Auch das Wetter kann unsere gesamte Planung und einen bequemen Unterschlupf zerstören. Je mehr Freiheit wir haben, desto unvorhersehbarer ist unser Tagesablauf. Diese Unsicherheit kann sehr belastend sein.

Zusammenfassend zum Thema Freiheit kann man sagen, dass ein derartiger Urlaub unglaublich wachrüttelnd wirken kann. Wir lernen die Stabilität und Konstanz des Alltages zu würdigen und die daraus resultierende Freizeit besser zu nutzen. In der Natur ist Freizeit ein noch wertvolleres Gut, da sie erst erfahren werden kann, wenn alle Aufgaben halbwegs erledigt sind. Dabei handelt es sich größtenteils um Aufgaben, welche wir im Alltag nicht zu bewältigen haben. Die Freizeit zu nutzen und somit Freiheit erfahren ist etwas, was wir uns behalten oder so mancher wieder entdecken muss. Denn so leicht wie uns dieses das Leben in der Zivilisation macht wird es kaum ein anderes Lebewesen auf unserer Welt haben.

Ernährung

Dieses ist ein sehr aktuelles Thema unserer Zivilisation. Die Überversorgung der Nährstoffe (Kohlenhydrate, Fette, Eiweiße) führt zu gesundheitlichen Tendenzen, welche ein breites Spektrum an Literatur zu Folge haben. Die Menschen interessieren sich aus verschiedenen Intentionen für Ernährung. Hauptursachen sind die Gesundheit, Übergewicht, Aussehen und Wohlbefinden. Das Problem dabei ist, dass sich die Autoren der extrem umfangreichen Literatur immer versuchen zu toppen. Daraus resultiert ein derartig kompliziertes Konstrukt von Hinweisen und Ratschlägen, welches den Laien vollkommen verzweifeln lässt. Von Tabellen über Kalorienmenge, Nährwerte, Tagesbedarf über peinlich penibel aufgeführten Ernährungs-

plänen wird nix ausgelassen. Die Folge daraus sind verunsicherte Konsumenten, welche denken, dass sie einen Ernährungsberater brauchen. Der Mensch als derzeit intelligentestes Lebewesen auf dem Planeten ist das einzige Geschöpft, welches Notwendigkeit in Ernährungsberatung sieht. Eine seltsame Tatsache.
Ich selber habe beruflich viel mit Ernährung zu tun und will nur einen wichtigen Punkt dazu sagen. Ernährung ist einfach, wenn man selber einfach mal beginnt wieder nachzudenken. Wir brauchen weder Listen noch Vorschriften. Wir brauchen unseren gesunden Verstand. Was ist gesünder? Ein Stück Kuchen oder Brennesseln? Eine Fertigpizza oder Seelachs? Kornflakes oder Melone zum Frühstück? Ich bin sicher, dass die Antworten auf diese Fragen sehr einheitlich und auch richtig sind. Egal ob diese Von einem „Unwissenden" oder einem „Profi" beantwortet werden. Was ist daran auch kompliziert?
Das Problem ist, dass wir unsere Nähe zur Ernährung und unserem Körper verloren haben. Wir sind hilflos im Verständnis für das was unser Körper braucht. Das liegt daran, dass wir uns im Alltag um andere Nichtigkeiten kümmern. Ernährung ist Nebensache. Darum auch nur Beiwerk im Alltag.
Der Grund für die Folgen von mancher Ernährung ist nicht die Unwissenheit der Personen, sondern der Überschuss, der überall vorhanden ist. Was da ist, das isst man auch. Da kann man sich belesen wie man will. Man scheitert nicht am Wissen, sondern an seiner eigenen Willensstärke. Analog zum Raucher der es nicht schafft aufzuhören, zum Trinker, der es nicht lassen kann oder eben der Übergewichtige der jeden Abend Schokolade frisst und immer die Anderen dafür verantwortlich macht. Erfolg steht und fällt mit uns selber.
In der Natur habe ich etwas gelernt. Listen über den Tagesbedarf und Kalorienanforderungen kann man komplett vergessen. Es dauert nicht lange und sie ernähren sich so wie es ihr Körper benötigt. Sie brauchen nicht täglich 140g Protein, was beispielsweise postuliert wird. Ich hatte 2 Wochen lang nie mehr

als 50g. Und dies nur an Tagen, an welchen es mal Schnecken gab. Mir ging es gut. Ich war gesund, leistungsfähig, fühlte mich wohl und hatte keine Mangelerscheinungen. Kohlenhydrate benötigen wir laut Richtlinien um die 250g. Was bedeutet, dass der Ernährungsplan darauf abgestimmt sein muss. Vollkommener Unfug! Mit meinen rund 100g pro Tag bin ich super zurechtgekommen. Und das, nochmal zur Betonung, trotz erheblicher Anstrengungen. Ungesättigte Fette nahm ich sicherlich etwas mehr als empfohlen auf. Gerade manche Pflanzen liefern einige davon. Und das war gut so. Damit konnte ich Energiedefizite ausgleichen.

Ich möchte nicht alle Ernährungserkenntnisse in Frage stellen. Sicherlich ist eine entsprechende Aufklärung bei der heutigen Überversorgung notwendig. Aber sie sollte einfach gehalten werden. Unser Körper kommt mit sehr viel weniger aus, als wir denken. In der gesamten Zeit verlor ich 3kg an Gewicht, trotz scheinbarer Unterversorgung. Viel zu wenig kann es also nicht gewesen sein. Natürlich sollte klar sein, dass ich diese Phase nur für 2 Wochen erlebt habe. Bei solch langjähriger Ernährung könnte es natürlich zu Mangelerscheinungen kommen. Jedoch kompensieren wir diese nicht durch Listen und Tabellen, sondern durch gesunde Reaktionen auf die Zeichen unseres Körpers. Er teilt uns schon mit wenn etwas fehlt. Unser Hunger ist dann derart gerichtet, dass wir auch das Entsprechende suchen. Wenn Vitamine fehlen, dann folgt Hunger auf Frischkost. Wenn Fette fehlen, dann spüren wir Hunger auf Deftiges.

Der Aufenthalt hat mir eines deutlich gezeigt: Es ist ganz einfach zu verzichten, wenn die Möglichkeiten nicht da sind. Zu Hause ist es oft schwer zu Naschereien „Nein" zu sagen. Der Gedanke, dass diese Möglichkeit besteht macht es so schwer. Im Wald hingegen gibt es die Alternative nicht. Man vermisst dabei nicht das Essen der Zivilisation, sondern man freut sich auf anderes. Das sind eben der Tee am Abend, der leckere Klee am Wegesrand oder die Schnecken.

Wir können uns zumindest in fruchtbaren Monaten zu einem Großteil aus der Natur ernähren. Dies impliziert dann ein Gefühl für den Körper und für dessen Bedürfnisse, was uns ganz anders mit Ernährung umgehen lässt. Gehen Sie einfach in die Natur und nehmen sich vor wenigstens 3 Tage lang aus dem Wald zu essen. Sie werden satt werden, sich wohl fühlen, leistungsfähig bleiben und mit einem anderen Gewissen an ihre tägliche Ernährung herantreten.

Regelmäßigkeiten des Alltags
Während des Urlaubs ist das was mich täglich erwarten kann recht flexibel gewesen. Ich wusste nicht ob ich eine gute Schlafstelle finde, ob ich was Nahrhaftes wie Fleisch essen kann, ob mein Abend durch das Wetter verändert wird und so weiter. Es gab sehr viele externe Variablen, welche meinen täglichen Ablauf beeinflussten. Ich hatte somit keine Sicherheit über das was kommt. Im Alltag ist das anders. Da ist unser Ablauf in groben Zügen vordefiniert. Wir wissen, dass wir auf Arbeit gehen. Wir wissen, wenn wir Freunde oder Bekannte besuchen und was wir am Abend unternehmen. Wir haben auch die Sicherheit für einen angenehmen Schlafplatz.
Diese Kalkulierbarkeit des Alltags ist uns so kaum bewusst. Viele Menschen bezeichnen dies sogar als zu eintönig und rufen nach Abwechslung und Spannung. Nach dem Urlaub ist mir klar geworden, dass uns diese Kalkulierbarkeit Sicherheit gibt. Sie ist gut für uns. Durch die Regelmäßigkeiten des Alltags wird unser Leben planbar und wir können uns für langfristige Aufgaben interessieren. Dies sind dann komplexere und aufbauende Unternehmungen.
Zudem ist die Abhängigkeit von Faktoren, welche wir nicht selber beeinflussen können, eine psychische Belastung, welche wir so nicht gewohnt sind. Im normalen Leben können wir uns mit Geld und einem entsprechenden Geschäft gewisse Vorstellungen erfüllen. Der Spielraum ist dabei zwar begrenzt,

jedoch steht uns eine Auswahl sehr guter Alternativen zur Verfügung. Wir haben es also selber in der Hand. In der Natur ist es nur bedingt so. Wir müssen abwarten, bis wir wissen was uns die Umgebung zur Verfügung stellt. Wir müssen sehen was das Wetter mit sich bringt und welche Nahrungsmittel uns zur Verfügung stehen werden. Das Abwarten betont hierbei einfach, dass wir alles auf uns zu kommen lassen müssen und dann etwas daraus machen. Durch diesen Urlaub ist mir bewusst geworden, wie wir daran gewohnt und auch darauf angewiesen sind. Phasen von Unzufriedenheit resultierten oftmals auch daraus, dass ich nicht wusste was mich erwartet hat. Und das kann zermürbend sein.

Die Grenzen erforschen
Für einen Menschen ist es immer ein Gewinn, wenn dieser an seine Grenzen stößt. Mit Grenzen sind nicht nur Extremsituationen gemeint, welche uns an die Verzweiflung bringen. Mit Grenzen sind auch Erfahrungen gemeint, welche neu und andersartig sind. Derartige Eindrücke bilden immer eine Horizonterweiterung und fördern die Entwicklung der Persönlichkeit. Das Überstehen schwieriger Ereignisse und das selbstständige Bewältigen von Problemen sorgen außerdem für Stolz und Selbstbewusstsein.
Im Leben eines Menschen sind somit Grenzerfahrungen eine Bereicherung. Ich lege Ihnen daher unbedingt nahe eigene derartige Situationen zu schaffen. Es ist dabei unerheblich wie Sie diese gestalten. Ebenso können Sie versuchen mit einem Kanu eine Mittelmeerinsel zu umrunden. Oder Sie versuchen sich im Klettern und fordern sich immer wieder neu. Genauso fördernd kann es sein, wenn man sich in eine fremde Kultur einlebt und sich dieser vollkommen hingibt. Wichtig ist dabei das Training der eigenen Anpassung an neue Umstände. Im Laufe unseres Lebens werden wir schnell unflexibel und versuchen Veränderungen zu vermeiden. Wenn dann doch einmal diverse

Veränderungen stattfinden, führen diese nicht selten zu tiefer Trauer oder in ein psychisches Loch.
Abenteuer und Grenzerfahrungen leeren Ihren Geist ganz anders mit derartigen Dingen umzugehen. Sie fördern letztendlich die Kreativität des Einzelnen. Kreativität ist eine sehr wichtige Fähigkeit, welche zur Gestaltung des Lebens beitragen kann.
Jede Erfahrung an Ihrem persönlichen Limit steckt Ihre eigenen Grenzen weiter und verbessert Ihre Fähigkeiten. Der positive Effekt auf Ihr Verhaltenspotenzial für Aufgaben des Alltags ist dabei genauso wichtig wie die erzeugte Spannung und Abwechslung in Ihrem Leben. Das einzige Leben, welches Sie haben.

Gesundheit
Heutzutage neigen wir dazu unseren Körper übertrieben „gesund" zu behandeln. Den Bereich Ernährung habe ich bereits angesprochen. Es geht weiter mit der Gefahr von diversen Parasiten oder dem Verzehr von unreinem Wasser oder unreinen Pflanzen. Mittlerweile haben wir uns von der Natur so weit entfernt, dass wir uns kaum noch vorstellen können etwas Naturbelassenes zu essen oder zu trinken. Auch aufgrund der Medien nimmt ein großer Teil der Gesellschaft Abstand davon. Die Folge ist ein verweichlichtes und somit anfälliges Immunsystem und ein Körper, der sich immer weniger gegen parasitäre Einflüsse von außen verteidigen kann. Dies impliziert eine anfällige Gesundheit und ein Art Abhängigkeit von der Medizin. Jedoch ist der Körper in vielen Fällen selber in der Lage sich zu heilen, wenn man ihn nur lässt und ihn nicht immer zu sehr behütet.
Während dieser 2 Wochen habe ich fast immer ungewaschenes Grünzeug gegessen. Wasser trank ich ausschließlich aus Flüssen. Eine Ausnahme sind jene wenigen Situationen, in welchen das Wasser aus einem Gebiet kam, in welchem viele Kühe gewesen sind.

Nebenbei zu erwähnen ist noch eine Verletzung, welche ich mir kurz vor dem Urlaub zugezogen habe. Im Tagebuch habe ich diese nicht weiter erwähnt, da es mir dort um andere Dinge ging. Bei der Verletzung handelte es sich um eine ca. 2,5cm lange Platzwunde am Knie. Diese heilte innerhalb der 2 Wochen vor(!) dem Urlaub kaum zu. Ich hatte schon etwas bedenken und Angst, dass sie sich entzündet. Gerade im Wald kommt durch Regen, Schweiß, mangelnde Hygiene und Kleidung viel Schmutz in die Wunde. Jedoch war der Heilungsprozess vollkommen problemlos. Nach dem Urlaub war die Entzündung abgeklungen und ungefähr die Hälfte der Wunde bereits vernarbt. Das obwohl ich jeden Tages das Bein belastete, sie aufweichte, ich wenig Regeneration hatte und eine teilweise mangelhafte Ernährung.

Mit der Verdauung hatte ich ebenfalls überhaut keine Probleme. Eine Ausnahme war etwas Durchfall beim übermäßigen Verzehr von den Nüssen. Ich würde dies jedoch nicht als Problem bezeichnen, da ich nicht wirklich krank gewesen bin.

Trotz Kälte in der Nacht und Nässe habe ich mich immer fit gefühlt und mich nicht einmal ansatzweise erkältet.

Zusammenfassend kann ich nur sagen, dass es aus meiner Sicht absolut vertretbar ist, seinen Körper solchen Situationen auszusetzen. Sicherlich lauern im Wald einige Infektionsgefahren und man sollte nicht leichtsinnig an diese Thematik herantreten. Jedoch sind wir leider derart fehlgeleitet, dass wir eine übertriebene Vorsicht aufweisen. In der ersten Zeit merkte ich, wie ich selber zum Hypochonder geworden bin. Ich achtete auf jedes Zeichen im Körper, speziell in der Magengegend. Ich achtete auf Zeichen von Erkältungen und schaute täglich auf meine Verletzung.

Tatsache ist, dass wir Menschen unsere Abwehrmechanismen unterschätzen und daraus folgend diese auch versauern lassen. Setzen Sie sich einfach mal derartigen Situationen aus und Sie werden sehen wie gut Ihr Körper funktioniert. Sicherlich ist ein Notfallpaket immer ratsam. Ich selbst hatte fiebersenkende

Mittel, Durchfalltabletten und Schmerztabletten dabei. Ab einer gewissen Stufe ist Medizin nützlich und sollte Outdoor nicht fehlen! Aber vorab sollten Sie Ihren Körper ausreizen.

Glück und Zufriedenheit

Urlaub und Freizeit sollten so eingesetzt werden, dass wir Freude empfinden. Das klingt recht einfach. Jedoch ist es nicht so leicht, wenn man versucht die Frage „Was bringt Zufriedenheit und Glück?" richtig zu beantworten. Grundlegend kann man Urlaube in die beiden Bereiche Aktiv- und Passivurlaub einteilen. Ein passiver Urlaub ist eher auf Erholung, Entspannung und Besichtigung ausgerichtet. Ein aktiver Urlaub hingegen fordert Körper und Geist, damit dieser bewältigt werden kann.

Im Laufe meines Lebens habe ich viele Urlaube gemacht und kann deutlich den Schluss ziehen, dass Aktivurlaube deutlich mehr zur Erholung beitragen. Die eigene Aktivität, der entstehende Stolz auf die Leistungen und das Erweitern des Horizonts bieten eine Zufriedenheit, welche von einem Passivurlaub einfach nicht erreicht werden kann. Sicherlich ist es auch einmal schön sich „All inclusive" bedienen zu lassen und faul zu sein. Jedoch ist immer wieder erkennbar, dass dabei die Reizbarkeit und auch die Neigung zu Differenzen deutlich höher liegen, als bei Aktivtrips.

Evolutionär entsteht Zufriedenheit, wenn wir eine Aufgabe oder Ähnliches erfolgreich bewältigt haben. Das kann ein Tagesziel, Nahrungsbeschaffung, ein Gipfel oder die Überwindung von Angst sein. Sobald wir derartiges vollbracht haben, dann sind wir zufrieden. Übersteigen wir dabei unsere eigens gesetzten Grenzen und vollbringen eine großartige Leistung, dann kommt zur Zufriedenheit auch der Stolz dazu. Stolz auf die eigene Leistung ist ein besonderes Gefühl von Glück. Wenn wir aus einem Urlaub wieder nach Hause kommen, dann zeigen wir gern die Bilder und vermitteln Erinnerungen. Wenn nun im Urlaub etwas besonders Schönes fotografiert worden ist, dann ist das zwar schön. Jedoch ist Stolz dabei nicht zu empfinden. Wenn wir im Urlaub jedoch auf ein großes unerwartetes Problem gestoßen sind und dieses gelöst haben, dann berichten wir voller Stolz darüber. Eben weil wir es geschafft haben. Dies gibt nebenbei auch immenses Selbstbewusstsein.

Bei Erzählungen über Urlauben sind unerwartete Ereignisse oder Gefahrensituationen, wenn derartiges eingetreten ist, immer zentraler Punkt in den Nachberichten. Darüber wird viel mehr geredet und der Zuhörer ist auch viel gespannter. Ein zufriedenstellender Urlaub muss zwingen eine aktive Komponente haben. Wenn wir selber Probleme lösen können und die Früchte unserer Leistung erfahren, dann spüren wir ein Wohlsein für die Seele. Leider ist so etwas im Alltag nur noch begrenzt möglich. Daher ist es unglaublich sinnvoll derartiges im Urlaub zu erfahren.

Als ich beschloss eher in die Pension zu gehen, da erfuhr ich ein Glücksgefühl, wie ich es noch nie hatte. Beziehungsweise kann ich mich daran nicht mehr erinnern. Es war unbeschreiblich und wenn ich jetzt noch daran zurück denke, dann zehre ich noch immer von den Emotionen. Ein solches Glücksgefühl ist wahrer Balsam für die Seele und gibt Kraft. Natürlich sind solche Situationen nicht planbar. Das besondere bei dieser Welle aus Freude war die kurzfristige Entscheidung. Diese Intensität lebte natürlich von der spontanen Entscheidung. Aber selbst wenn ich noch die eine Nacht im Regen länger ausgeharrt hätte, wäre das Gefühl überwältigend gewesen. Es ist einfach die Tatsache, dass mir der Luxus des Alltags gefehlt hat und ich diesen nach dem Urlaub ganz anders schätzen konnte. Die Wucht, mit welcher mich die Vorteile der Zivilisation trafen, ist unbeschreiblich.

Glück hat die nachteilige Angewohnheit, dass es mit der Zeit verfliegt. Das Pendant zur Freude aus Glück, die Trauer, verfliegt im Laufe der Zeit ebenso. Und das ist gut. Somit sind diese beiden Pole besondere Gemütszustände, welche immer zeitlich begrenzt sind. Nach dem einen, der Freude, streben wir und das

andere, die Trauer, versuchen wir zu meiden. Das Eine könnte jedoch ohne dem Anderen nicht existieren.
Die Vergänglichkeit lässt uns immer weiter streben. Dieses Weiterstreben ist in der heutigen Gesellschaft nach oben hin offen. Wir können immer mehr arbeiten. Wir können versuchen mehr Geld zu scheffeln um uns mit materiellen Gütern zu befriedigen. Das Streben nach Zufriedenheit und Glück ist dabei jedoch auf einem fehlerhaften Kurs. Materielle Erfüllung ist nur von sehr kurzer Dauer. Wie man diese Empfindungen herbeiführt, das muss jeder für sich selber beschließen. Jedoch muss man dabei etwas bedenken: Das Streben nach immer besseren Dingen kann nicht die Lösung sein. Stress und Oberflächlichkeit sind die Folge.
Stattdessen kann ein anderer Weg eingeschlagen werden. Wir müssen lernen das bereits erreichte besser zu würdigen. Wir sollten glücklich über eine Wohnung, Freunde, den Partner und andere Dinge sein. Dieses Glück, oder die Freude, darüber erlangen wir, wenn wir uns dem einfach mal entziehen. Leben Sie doch einmal 2 Wochen ohne eine Wohnung. Sie werden unendlich dankbar über Ihr Heim sein. Essen Sie am Limit und versorgen Sie sich nur selber. Sie werden den Lebensmittelhandel danach mit anderen Augen sehen. Unser Leben ist voll von Dingen, für welche wir dankbar sein sollten. Dankbarkeit ist anders gesagt Freude über etwas das man hat. Diese Freude müssen Sie wieder entdecken und sich bewahren. So ist das Leben bereichert und um einiges spannender.